從此不再煩惱

Reasons Not to Worry :
How to be Stoic in chaotic times

布里吉德·迪蘭尼 Brigid Delaney　著

柯清心　譯

「看到這混濁的世界，而仍能不改其愛，實需極大的勇氣。」

——奧斯卡·王爾德（Oscar Wilde）

「接受命運的束縛，愛那些被命運帶到你身邊的人，並全心去愛。」

——馬可·奧里略（Marcus Aurelius）

「這是一個天才所渴望的時代。偉大的人物並非出於平安或歌舞昇平之時。與困頓掙扎，方能培養心思活絡的習慣；極端的需求，才能鍛煉出耀眼的美德。」

——1780 年 1 月 19 日，艾比蓋兒·亞當斯寫給約翰·亞當斯的信。
（Abigail Adams, Letter to John Quincy Adams，
譯註：前美國總統夫人及總統）

目錄

Part 1　基本條件

Part 2　生命的荒謬

Part 3 關鍵時刻

引言

　　活在這個年代真不容易！每天我伏首於筆電，緊盯螢幕的雙眼疲憊昏花，被源源不絕的新聞弄得焦躁不安，飽受世界各處湧來的資訊衝擊時，便忍不住要這麼感嘆。感覺上——現在就是這樣——我們好像處在一場永無止境的危機裡，重大的全球性事件一樁樁接踵而至，絲毫不給人重新調整自己的空間，讓我們能適應不斷變化、越來越黯淡的現實。

　　我們可以妥善地把外界的混亂狀態做分類：氣候危機、疫情、不斷出現的種族歧視、日趨嚴重的不平等和飆高的生活成本、戰爭、心理健康問題，還有過勞、每況愈下的成癮和藥物濫用、手機低頭族、共同性的流失、社群媒體的霸凌、宅在家獨自守著螢幕、平台和同溫層效應（echo chambers），以及因缺乏儀式、社區或共有的生活意義，所造成的存在困惑。

　　當個現代人的感覺，就像受高壓水柱噴擊一樣，承受滿滿的衝擊與力道；但那力道似乎大到令我們無法睜開眼睛。

　　可是，可是……我們也有過神奇的幾年。新冠疫情初期，人們有種近乎狂躁的感覺，覺得**好像有什麼事正在發生**。人與人之間——朋友與陌生人——的隔閡短暫消失了，一種奇異而

近似陶然的社交關係到來。在那個詭異的2020年秋天，我們瞥見了一種截然不同的生存方式，如果我們能夠接受它就好了。

創造意義向來是我行走人間的方式。意義成了一張地圖，而地圖能協助你找到出路。我曾經以為，假如我能從這些混亂而充滿驚奇的歲月中萃取意義，並找到安度亂世的法門，那麼我便能讓自己防範於未然了。因為未來必定會有驚濤駭浪，說不定比從前更加猖狂。

問題是，我們的文化以前並沒有──現在也依舊沒有──真正地為我們提供意義或一份導引的地圖，讓我們能安度過去的幾年。我們的世俗社會裡，沒有宗教或廣泛認可的社會及道德工具，能供我們應付生活中日益複雜的挑戰。相反的，我們被迫摸著石頭過河。我們要如何才能在不斷變化的時代裡，找到一致性的意義？如何能立穩腳跟，不會因憂慮社會分崩離析，而不知所措？面對混亂，我們如何才能保持樂觀，立定目標，並付諸行動？做一個符合道德的好人意味著什麼？我在當前的文化裡，看不到任何強大到足以做為鎮石的東西。

我需要一種振聾發聵的智慧，來幫我度過這段艱困的時光，但我該去哪裡尋找這種智慧？

我在之前的拙作《不安的生活（暫譯）》（*This Restless*

Life）中探索網路和全球化，並在《養生狂女子》（*Wellmania*）中探討養生產業，我一直在尋求答案。我也希望藉由本書尋找某種東西，但並非**假求於外**，而是發自**內心**。

我在尋找能發展內在生命的工具——一種能為我所用，直至終老的韌性。這種智慧將引領我的直覺，指導我待人處世，應對進退之道：無論我失望困乏，或喜悅豐盈。但它也會向內深耕，創造出意義和一份航圖，為道德的指南針定向，在面對全球和個人生活的危機時，創造出平靜與勇敢的能力。

我在偶然的機會下（容我稍後詳述），找到了苦苦尋覓的智慧，它根植於古希臘羅馬的斯多葛哲學中。

向來實用的斯多葛學派，在2020年3月似乎變得越發重要了。

這些來自遠古的智慧低語道：「我們在這裡，在這裡……我們一直都在。」

於是我回溯歷史，找到一段與我們頗為相似的年代——一個充滿混亂、戰爭、疫情、疾病、背叛、貪腐、焦慮、放縱無度、恐懼氣候末日的時代。當時的人也渴望我們今天所冀求的解答。我在古老的斯多葛哲學中，發現古人與我們一樣希望尋找意義與聯繫、渴望圓滿與平靜、需要愛與被愛、擁有和諧的家庭生活、充實而饒富意義的工作、親密厚實的友誼、對社會有所貢獻、歸屬於比自身更崇高的事物、讚嘆自然景觀、感受深深的敬畏之心、對天地萬物的由來充滿疑問，並在最後放下一切——因為到頭來，還是由不得你。

「我們在這裡，在這裡……我們一直都在。」於是我一頭栽進兩千年前的斯多葛學派裡，想探究這些古老的方法，能否幫助現在的我們。

寫書的緣由

我在2018年第一次接觸斯多葛哲學，並於2019年開始研究、撰稿，2022年中完成計畫。

本書從起草至完稿的這段期間，世界變得如此詭異、失序、混亂而前所未見，迫切地需要我所撰寫的相關內容，寫書一事似乎是冥冥中的註定。在新冠疫情低谷期間認識斯多葛學派，成了一份恩賜。就像科幻小說中，被推入未來世界的英雄，若能正確使用這份超能力，世界將能獲得自由。

然而我會深入研究這些古老的教義，最初純屬偶然，這些訓誨（除了少數幾個知名的例子外），今天大多僅存零碎的片段，或以學生的筆記形式留存下來。

2018年9月，《衛報》的外文編輯——我的同事兼好友，邦妮‧瑪爾金（Bonnie Malkin），轉發一份很有意思的新聞稿給我。文稿標題是：「想要快樂嗎？那就以斯多葛學派的方式過上一週。」這是英國艾克斯特大學（Exeter University）學者主持的一項線上實驗，約有七千人嘗試以古代斯多葛哲學家的方式生活一個星期，並每日做閱讀與討論。參與者在一週始末，測試自己的快樂程度，大學方面則試著確認斯多葛式生

活，是否會帶來明顯的幸福感。邦妮建議我對此寫一篇有趣的專欄。

根據斯多葛週的新聞稿，一週的斯多葛式生活有五大原則。如今在多年之後，我依然時常參考這些守則。

1. 承認生活中有許多事是自己無法掌控的。
2. 明白情緒是自己對世界的認知所產生的反應。
3. 接受自己一定會遇到不如意的事，如同所有人一樣。
4. 視自己為大我的一部分，而非孤立的個體；我們是人類的一部分，是自然界的一環。
5. 別把擁有的一切當成是自己的，它們只是借來的，總有一天要還回去。

一週的時間並不足以學習斯多葛哲學，這是一項艱巨的任務，許多準則十分複雜，有各種條件與例外、奇怪的規則和冷僻的理論。有時內容寫得詰屈聱牙；句法經過傳世與翻譯而變得混淆難解，必須得大聲朗讀好幾次後，才能理解其中的含義。

我為《衛報》所寫的專欄，其實是自己如何在宿醉時，萬般忍耐地過完斯多葛週的變相文章。

簡言之，我根本沒抓到重點。

可是這段經驗卻留下了一些磨滅不去的東西。第二年我捲

土重來,決定更加用心地對待斯多葛週。我拖一幫朋友陪我下水,大夥在雪梨會面,透過WhatsApp做虛擬聚會,討論每日的閱讀和各種原則的應用。這群年齡介於三十歲到四十五歲的各路人馬(包括拜倫灣的房地產仲介、《澳洲人報》的商業記者、政治組織GetUp!倡議人士、一名法律系學生和一位見習牧師),渴望了解斯多葛哲學所允諾的規範、嚴謹與邏輯。斯多葛學派喜歡直視生活,面對生活的真實樣貌,並熱愛生活(儘管生活很不怎麼樣),然後在最後放下一切。

斯多葛學派嚴苛而不容置疑的智慧,直面不如意事的決心──**面對現實**,令我欽羨不已,雖然有時很難理解。

為了了解斯多葛學派,我需要一週以上的時間。我過完第二個年度的斯多葛週,我的WhatsApp群組解散了,留下一種看待世界的新方式,一種新的生活方式,事實上,那是一種**非常古老的生存方法**,但我需要一個可以效仿、相互詰問,並即時測試這些哲思的對象──我需要一位斯多葛學派的朋友和導師。

我希望藉由本書,能成為讀者的這個對象。但先讓我們回到起點,認識我心中的這位人士。

2019年7月,我和老友安德魯共進午餐。安德魯在企業界工作,我們在一次新書發表會認識後,熱愛思想討論和辯論、

且常持反方意見的兩個人，就變成朋友了。午餐時，我解釋自己在進行斯多葛週實驗，對我這種心智受X（原Twitter）的速食式爭執和文化戰爭摧殘的人來說，斯多葛學派的教義十分複雜艱深，其樸實無華和嚴謹的風格，對於三心二意，思維跳躍的現代人來說，並不容易消化。

不過安德魯卻被斯多葛主義的某些內容吸引了，我們再次碰面的前幾週裡，安德魯研讀了斯多葛哲學，覺得很適合自己，雖然我們這個時代有根深蒂固的道德相對主義，但安德魯決定以斯多葛代替宗教。我們兩人在薩里山¹的一家酒吧裡邊喝酒邊聊天，安德魯熱情洋溢地暢談斯多葛主義如何幫助他育兒、做生意，以及跟同事打交道。安德魯比我更條理分明，更有組織力，而且不是那種隨便跟風最新養生狂潮的人。

他告訴我斯多葛學派的迷人之處：「我喜歡這種兼具知性與理性的生活架構，又非常務實。斯多葛學派所設定的理念，是可以達成的理想，正視了我們作為人的優點與缺失。而非將我們架空在難以達成的理想上，把成功定義成多數人都無法獲得的東西。」

但斯多葛主義適合我嗎？我的性格截然不同，我比較魯莽，像無頭蒼蠅似地橫衝直撞。斯多葛主義能同時適用於我們兩個人嗎？或者只適合特定的性格類型？時值2019年中旬，

---

1 **薩里山：**Surry Hills，位於澳洲新南威爾斯州。

我忙著寫指派的旅遊文章和出書計畫，心想：我有什麼好損失的？理智告訴我，試試又何妨。我的直覺告訴我，其實我可能需要它。

接下來，是為期兩年的討論、辯證、閱讀，以及將斯多葛哲學應用到我們的日常裡，包括工作、戀愛、人際關係、育兒、健康、福祉、健身、死亡、政治、欲望、責任、養寵物、社群媒體、心理健康、金錢和抱負等方面。

透過這種非正式的研究，我有了一些驚人的發現。這套比基督教更早的哲學，似乎比基督教更接近現代。斯多葛更講求平等，包容女性，且沒有階級制度（每個人可以追求聖人般的境界——成為斯多葛聖人，但至今我沒聽說有人自稱傳承了這種衣缽）。斯多葛學派不是狹隘的自律觀念，把自己視為一座自食其力的孤島。實際上，斯多葛學派深度融入社會與社區生活的理念中，他們對自然和宇宙的看法是喜樂、複雜且深刻的，他們的著作中，仍存有不羈的異教痕跡。

斯多葛學派也闡明了我們應該追求的一種心境——atarax-ia（古希臘語，字面意思是「不受干擾」）。這是一種精心校準的寧靜狀態，不是幸福、快樂，亦非宗教或神祕經驗裡的狂喜情況，或現代人戀愛、吸毒時的高潮。相反的，這種寧靜是一種滿足或平靜的狀態，即使周圍的世界崩落，你的心境依然不受干擾。

我最欣賞斯多葛學派的一點是，它對人性的清晰觀察，總是腳踏實地，但不憤世嫉俗。沒有從天降落人間的上帝來拯救

你，也沒有來世。我們只有自己和彼此，儘管我們都有缺點，但已經足夠。由於我們只有彼此和自己，斯多葛哲學要求我們迎向挑戰，要求我們盡力而為、保持理性、追求美德（稍後將詳述其含義）、按自己的天性而為，並善待他人，如同善待自己的兄弟姊妹一樣。我們只能做到這麼多，也僅能如此。

務實的斯多葛學派知道人類的極限。他們認為，或許你會想試圖說服他人，按照自己的意願或方式去做，但最終這都不是你能控制的，因此別白費力氣企圖去改變別人。

斯多葛學派對死亡也有清楚的認識，他們每天都在思考死亡，因為他們知道自己每天正在死去。斯多葛人士明白尊重往生者的重要，但也知道不能浪擲過多的生命和精力去哀悼。當我的朋友們悲不自勝，需要能引導他們度過陌生的喪親經驗時，我便向他們推薦源自兩千多年前的斯多葛學派著作。

本書撰寫的過程中，斯多葛主義逐漸滲入了我的內裡，不是一下子，而是循序漸進的。我開始運用這套哲思去對付棘手的狀況，結果發現它不僅為我的行動提供一個框架，更提供了一種理解整體世界的方式。我慢慢將斯多葛主義看作是一種貫穿生死，畢生受用的哲學，甚至在面對死亡時，也能派得上用場。

寫書的過程中，新冠疫情爆發了，使得我和安德魯正在進

行的研究（關於疫病、災禍和對死亡的準備），起了異樣的共鳴。新冠疫情開始蔓延時，我人在柬埔寨：吳哥窟的大停車場上空無一人，僅剩幾名苦無生意、焦慮不已的人力車夫；古老的廢墟在曙色中閃動金光；一名形單影隻的尼姑正在托缽；烏鴉在廢墟中築巢；遊客人數門可羅雀。我飛回雪梨，一個星期後邊境關閉了。疫情之初，人們慌亂困惑，失業劇增，大家連見到門把都害怕，雜貨也都得一一洗過。朋友們紛紛來找我，把我當成古人的代言人。他們問我：斯多葛學派的人會怎麼做？差不多就是直接把斯多葛主義注入我血液裡的意思。

有段時間，我挺認真執行這份代言人的工作。我設了一個 Instagram 帳號，用通俗易懂的禪宗公案方式，給出斯多葛的建議。然而，在馬可·奧理略[2]、愛比克泰德[3]或塞內卡[4]等人，近乎心靈勵志的佳句背後，其實蘊含了一套紮實而重要的理論，那是一張如何安身於亂世的地圖。

最後我發現斯多葛哲學幫助極大，且令人驚喜地實用，它不僅幫助我在疫情期間保持冷靜，除了烘焙之外，還讓我有了努力生活的理由。更有甚者，斯多葛哲學使我脫胎換骨，就如法國哲學家沙特（Jean-Paul Sartre）所說的那樣：是「一種旨在徹底改變個體存在的哲學；一種教人生活之道的哲學」。換句話說，斯多葛主義可以改變你的生活，就像它改變我的一樣。

這些教導使我受惠良多，儘管這些良師早已仙逝，我卻覺得與他們十分親近。

讀者在書中會看到這些斯多葛哲學家──愛比克泰德、塞內卡和馬可‧奧理略。他們雖活在千年前,但許多方面與我們十分相似,他們的關注與焦慮是如此地現代,令我覺得他們只有一息之遙,只要轉過身,便能看見他們。

我沒有照單全收,並且對其中一些教義感到不耐。我跟安德魯見面時,偶爾也會產生爭執。我們有可能得到快樂嗎?或者頂多只能期待知足?情緒的問題呢?欲望又該如何?這些事要如何控制?這不僅是心靈勝過物質的問題,還有種叫賀爾蒙的東西!神經通路又怎麼說?無意識狀態呢?

我們兩個人都擔心,強調須對自身性格負責,並承認我們的影響範圍極其有限的斯多葛哲學,意味著社會正義和社會變革的呼籲,對實踐斯多葛哲學的人來說,無所適用。

2 **馬可‧奧理略**:Marcus Aurelius,羅馬帝國最偉大的皇帝之一,史稱「哲學家皇帝」,同時也是著名的斯多葛學派哲學家。

3 **愛比克泰德**:Epictetus,古羅馬新斯多葛主義哲學家。

4 **塞內卡**:Seneca,古羅馬斯多葛主義哲學家、劇作家、政治家

　　安德魯和我一起散步、聊天、爭論、閱讀，並試著釐清這一切。2020年下半年，我們成了雪梨海濱郊區塔瑪拉瑪（Tamarama）的鄰居，兩人經常沿邦迪和布朗特（Bondi and Bronte）的懸崖散步。我們在寒暄過後，便深入討論哲學議題。何謂擁有良好的品性？什麼是勇氣？人死後去往哪裡？如何控制憤怒？你對於沒有回報的付出有何感想？如此漫步了數個月之後，我才意識到自己的企圖：我想找出最好的生活方式。

　　本書很大一部分，都是當時討論的內容。

斯多葛哲學對我的適用

　　我不是哲學家或學者，只是個在一般新聞領域中工作二十年的記者，我經常得把複雜的概念，拆解分析給讀者聽。

　　我不覺得自己是專家。有很多人寫過更嚴謹、更具學術性和複雜度的斯多葛哲學指南，本書會參照引用。

　　這本書其實是一場實驗的結果：把某些主要的斯多葛哲學原則，應用在21世紀的生活裡，看看它們是否能起作用。

　　我很高興能告訴讀者，它們確實有用。

誰是斯多葛主義人士

　　讀者將在本書中看到三位主要的斯多葛哲學家，他們分別是塞內卡（西元前4年-65年）、愛比克泰德（西元50-135年）以及馬可·奧理略（西元121-180年）。這三位斯多葛哲學家均來自羅馬市集[5]時期──或斯多葛哲學後期。

　　這幾位哲學家之所以重要，是因為他們的著作基本上保存完好，更早的希臘時期作品（西元前3世紀初左右）的哲思，則只存於斷簡殘篇中。

　　書中這三位斯多葛哲學家各有所長。愛比克泰德出身寒微，生而為奴，據說被以前的主人打成了瘸子，他在獲取自由後開始教授哲學。他的演說被學生阿里安（Arrian）記錄下來，編纂成《手冊》（希臘文：*Enchiridion*），是一份簡明有力的斯多葛基礎文獻。

5　**羅馬市集**：the Roman Stoa，又稱阿塔羅斯柱廊 Stoa of Attalos，古希臘和古羅馬城市內進行經濟、社交和文化等活動的中心，亦是居民互通消息、閒話家常以至談論政治與哲學的場所。

　　塞內卡以權貴之姿崛起，成為一名政治掮客和參與者。他是尼祿皇帝的導師，也是劇作家、政治顧問，及羅馬帝國的富豪之一。他的作品廣為出版，許多仍留存至今。學者們爭論他是否為偽君子，因為塞內卡過著奢華的生活，還為暴君效力——但這些爭議就留給歷史學家去討論吧。塞內卡是位出色的作家，他的斯多葛哲學著作，尤其是《道德書簡：致魯基里烏斯書信集》（*Moral Letters to Lucilius*），在今天讀起來，仍跟羅馬時期一樣的新穎。《道德書簡》是塞內卡自尼祿身邊掛冠歸里後，寫給年輕朋友魯基里烏斯的一百二十四封信的合集。這部寫滿道德建議的合集，在疫情期間再度引起人們的關注。

　　最後是馬可‧奧理略，他曾是世上最有權力的人士。這位哲學家皇帝從年輕時，便在世界上最優秀的導師群指導下，學習斯多葛哲學，並享有充分的機會將哲學付諸實踐。馬可‧奧理略雖然無所匱乏，卻活在戰爭和瘟疫肆虐的年代裡，他的十四名子女中有九位殤逝，自身則疾病纏身多年。

　　馬可‧奧理略的著作《沉思錄》（*Meditations*）經常列於史上必讀好書名單。**每日斯多葛哲學**（*Daily Stoic*）網站指出，從總統到橄欖球四分衛，許多美國著名人士均從中獲得啟發，也啟發許多位執行長、英國社會學家碧翠絲‧韋伯（Beatrice Webb）和前中國共產黨總理溫家寶。但《沉思錄》原本並無出版的打算；它是馬可‧奧理略的私人日記。

　　我們且先回到西元前三世紀初，斯多葛哲學誕生於雅典的時代。這是一個形而上學（科學）、倫理學、醫學和邏輯學，

在思想、創新、推進等方面，百花齊放的時期。理性與理智大行其道，但大規模瘟疫、奴隸制、疾病和暴力死亡，也在不斷地挑戰平靜的生活。人們渴望獲得生存之道，得到應對艱困及變故的指導。當時雖有諸神和各路神明——不僅有奧林匹斯十二主神，還有泰坦神族及其他神祇——但人們已經開始求助於哲學研究，學習應對技巧、領導力，和如何以符合道德的方式去對待他人了。

許多古哲學學派均源於雅典，柏拉圖（Plato）和他的弟子，以及隨後的亞里斯多德（Aristotle），在這裡掀起了繁榮的哲學景象。在古希臘，你可以選擇自己最感興趣的學派，然後參加這些學派領袖主持的講座與討論。

雅典不僅有季蒂昂的芝諾[6]在西元前約300年創立的斯多葛學派，還有亞里斯多德的逍遙學派[7]也日益壯大。愛比克泰德亦在鄉間建立自己的學派，專注於享樂與公共生活的議題。

6 **芝諾：**Zeno of Citium，約西元前334-前262年，生於塞普路斯的季蒂昂，受到蘇格拉底、犬儒學派等影響，創立斯多葛學派。

7 **逍遙學派：**Lyceum，亞里斯多德返回雅典於呂刻昂創立自己的學校，逐漸擺脫柏拉圖的理型論，轉向著重經驗觀察的經驗論。亞里斯多德與其學生時常邊散步邊討論學術，因此該學校又被稱為逍遙學派。

而更加嚴格且紀律分明的犬儒學派（Cynics），也差不多在同一時期興盛起來。

斯多葛學派的起源可追溯到季蒂昂的芝諾。芝諾出身於今天的賽普勒斯（Cyprus），當時從商的芝諾用船運了一批珍稀的紫色染料（用來染製長袍的骨螺紫原料），結果船隻遇難，芝諾頓時陷於絕境：窮困的芝諾身無分文，商貨盡毀，不知所措的他只好跑到雅典，坐在一家書店裡。芝諾詢問書店老闆哪裡能找到好的哲學家，這時恰好有個叫克拉特斯（Crates）的人從他身邊經過。克拉特斯是犬儒學派的知名哲學家。書店老闆說：「跟著那個人走吧。」於是芝諾依從其言，在字義與精神上都跟隨他去了。芝諾成為克拉特斯的學生，經過數年的研習之後，芝諾開設自己的學院，並將一些犬儒學派的教義融入自己的哲學中。芝諾的追隨者在市中心的柱廊（stoa）聚會，這些塗彩的柱廊，通常是位於市集邊側的公共場所，因此他們被稱為Stoics，斯多葛學派。任何人都能前來聆聽芝諾的演說，議題從人性、正義、法律、教育、詩歌、修辭到倫理，包羅萬象。

芝諾廣受歡迎的公開演說——在芝諾去世後，由弟子克里安西斯和克利西波斯繼承衣缽（Cleanthes and Chrysippus）——奠定了我們今日所知道的斯多葛學派基礎。這些教義在數百年後傳到羅馬，並影響了塞內卡、愛比克泰德、莫索尼烏斯·魯弗斯[8]、西塞羅[9]和馬可·奧理略等人所留下的許多文本。

早期的斯多葛學派，絕非今日眾人以為的，那種超級陽

剛、古時白人男性、看透殘酷現實的哲理。

　　早期的希臘斯多葛學派對於平等議題的態度相當激進，至少在古代來說相當極端。他們認為每個人都具有平等的理性，包括自由人、婦女和奴隸，並鼓勵所有人研習哲學。希臘斯多葛學派認為，在一個理想的城市中，所有具備美德的人，都應享有平等的公民權，他們甚至主張消除由服飾差異所引起的性別區分。根據現代斯多葛學派作者馬西莫・皮戈里奇（Massimo Pigliucci）的說法：「斯多葛學派是最早的世界主義之一。他們想像，理想的芝諾共和國……看起來就像一個無政府主義的烏托邦，睿智的男男女女和睦共處，因為他們終於理解到，以理智改善人類之道。」這些早期的希臘斯多葛學派信奉人人平等，不僅限於男女，還包括不同國籍的人。以愛比克泰德為例，他出身小亞細亞的奴隸，十五歲時被銬上鍊子送上奴隸車隊運往羅馬。這段旅程非常可怕，膝蓋碎裂且未經治療的愛比克泰德跛著腳被送去拍賣。重獲自由後，愛比克泰德成了羅馬時期最具影響力的哲學家之一。如果沒有良好的品德和理性，階級和體魄根本毫無意義。

8　**莫索尼烏斯・魯弗斯**：Musonius Rufus，古羅馬斯多葛學派哲學家，是愛比克泰德的老師。

9　**西塞羅**：Cicero，西元前106-前43年，羅馬共和國晚期的哲學家、政治家、作家及雄辯家。

　　可惜早期希臘斯多葛學派的作品留下來的並不多，僅保存了一些斷簡殘篇而已。如今我們所了解的斯多葛學派理論和實踐，大部分來自羅馬時期的斯多葛學派。

　　斯多葛學派約於西元前155年從雅典傳至羅馬，並廣受年輕的羅馬精英喜愛。

　　由於嚴格的習俗與階級制度，在羅馬，斯多葛學派的研讀僅限於男性。但羅馬斯多葛學派的代表人物，莫索尼烏斯・魯弗斯主張讓女性學習斯多葛哲學，認為任何具備五感、理性與道德感的人，都應該學習哲學。

　　西元180年馬可・奧理略去世，加上基督教的興起，斯多葛學派的人氣逐漸下滑。

　　「斯多葛」一詞在近期遭到扁平化與貶抑，被拿來形容那些克制情緒、壓抑感情、從來不哭的人。原來的斯多葛學派根本不是那樣的，他們享受生活，關愛他人，並融入社群。他們希望把快樂最大化，將負面思維最小化。他們了解人生無常，總是會有曲折、失去與悲傷。但他們盡可能地以積極或中立的態度，去面對遭受的一切。因此，無論發生什麼事，他們都能保持從容，無所畏懼。斯多葛哲學提供了一套能讓人遵循的全面性生活系統，直至生命終了都能受用。

現代斯多葛主義

　　今天，斯多葛哲學正在捲土重來，該流派相當靈活，不像

有固定正宗教義和規則的宗教。斯多葛學派無所謂的領袖，沒有守護其純正性的祕密團體，也不會被各種教派或利益集團據為己有。我發現，最愛引用斯多葛哲學的地方，跟我實際的個人生活，甚少有共鳴之處：軍隊、體育界、科技圈的自由主義精神，和極右翼的社群。我如何去擁抱一種非同路人所喜愛的哲學？然而斯多葛哲學的靈活性——沒有領袖、旗幟、建物、成員或國家，正是該哲學自由寬容之處。斯多葛哲學本身蘊含了移動的空間，刻意保留改變和詮釋的餘地，因為知識會演進，尤其是科學。正如塞內卡說的：「在我們之前發現這些事物的人，並不是我們的主人，而是我們的嚮導。真理對所有人開放；它還沒被壟斷。未來還有許多真理等待後人發掘。」

　　身為女性及哲學界的圈外人，我並不需要獲得許可，才能去探究哲學。我可以進入斯多葛哲學，並善用其本身的靈活性，將它變成我自己的哲學。

Part 1
基本條件

「無論是在何時發生的任何事，今天都有可能發生。」

——塞內卡

「幸福需要的東西很少；幸福就在你心中，在你的思維方式裡。」

——馬可‧奧理略

「對於那些只期待好運降臨的人，厄運顯得格外沉重。」

——塞內卡

　最重要的是，斯多葛主義是一種實用的哲學。它幾乎適用所有情況——無論是錯過飛機、在車陣中被人插隊，聽到可怕的診斷結果，或是被伴侶拋棄。

　斯多葛主義對於我們與各種人的關係都有說法，無論是最親密的關係，還是我們的死敵。它還談到我們與大自然及宇宙的關係。

　而且斯多葛主義提供處理自己內心生活的方法。我們要如何安度所有人都會遭遇到的風暴、幽暗、欲望和失望？如何應付失去與悲慟？當我們行為失當、挫敗困頓、心餘力絀時，要如何自處？如何去熱愛我們所擁有的生活和周圍的人？

　斯多葛主義有上述所有問題的解方。但首先，我們先從生命的結束開始講起。

如何……

面對死亡

「人生有限，善用擁有的日子，敞開靈魂的窗扉，讓陽光流淌而入。倘若不這麼做，太陽將很快沉落，你也將隨之而逝。」

—— 馬可・奧理略

「人們在保護個人財產時非常節儉；可是一旦涉及時間，我們卻對這唯一該吝惜之物，十分揮霍。」

—— 塞內卡

　　我二十九歲時，第一次強烈地感受到自己終將一死（當時頭部也受到強烈的撞擊）。那時我躺在救護車後方，渾身是血，我這個陌生城市裡的異鄉人，根本不知道自己會被送去哪家醫院，孤零零的我前途未卜，頭上頂著一個冒血的大裂口。

　　我在凌晨五點左右從夜總會回家時，在巴塞隆納港口區的小巷弄裡遭搶，弄丟了錢包，頭部還受了傷，因為我蠢不可及地追逐搶劫犯，就在差點抓住他時，對方一把將我推開，我一頭撞在凹凸不平的牆上（是高第的建築嗎？**感覺**像是他的），右太陽穴上方頓時裂開。

　　接下來是一連串忽幽忽明，如真似幻的時間：黎明；搭乘救護車，迷迷糊糊地飛馳在蘭布拉大道（La Rambla）上；狂歡者紛紛返家，或搖搖晃晃地走在道路上，或倒在長椅上；報攤和花販活力滿滿地準備迎接新的一天。還有什麼？擋風玻璃上的細雨，一抹飛掠的顏色、哥德區（Barrio Gótico）、加泰隆尼亞廣場、一座噴泉、一處拐角，街道變寬了，一切都是美美的灰色與金。我滿溢著愛，有種超然的感覺。

　　雖然我這一生還有很多事情可做，且年紀尚輕，卻覺得自己很可能踏上黃泉路。然而我並未因為感覺要完蛋了而心慌意亂，反倒出奇地輕鬆。我知道這不是個人的問題，就算現在死了也沒關係。我一生平安美好，二十九歲近三十歲，即使我還沒試過所有事物，但也做得夠多了……

　　結果本人福大命大，沒有死成，只縫了一堆針（後來留下一道疤），以及大大升級的焦慮感。有一陣子，我在走進陌生

的街道，在走過街燈照不到的黑區，在夜裡聽到身後加快的腳步聲時，都會感到害怕。後來我在不知不覺中，才慢慢擺脫這種陰影。

大約一個月後，我不再去想受襲的事了，我開始審視自己在救護車裡的反應。為什麼我當時面對死亡會如此淡定？如今我年紀更大了，還會是同樣的感受嗎？只有一種辦法能知道，可是我不想為了求知欲，再次鋌而走險。

不過我很清楚的是，當親友離世時，我一點也不覺得淡定或超然。

巴塞隆納事件過後幾年，有位老友因用藥過量意外去世了，我震驚極了。她突然撒手人寰，為我和她所愛的人造成巨大的痛苦，更有甚者，我們為此憤怒不已。英年早逝實在太沒天理了，事物的自然秩序被顛覆；默契被打破了。人在吃藥之後，一定能醒來的……不是嗎？

朋友的死，比起我自己短暫的死亡經驗，對我影響更深遠，我第一次意識到天地不仁，宇宙並非永恆的家園，反而更像是一場玩家迅速淘汰，但賽局繼續進行的遊戲。或像是一盤棋局，周圍的棋子一個個被拿掉、吃掉、出局，直至輪到自己……或者宇宙本身不是圓的，而是平的，有些人走得離邊緣太近，便摔下去，悄然地走了，根本抓不住（你甚至沒看見他們摔落！）──你無法將他們帶回來，永遠帶不回來！我的朋友一去不返了。

朋友的天主教葬禮上，家族神父說，我們所有人終將在天

堂重聚，但我已不再那樣相信了。那晚我困惑不解地到酒吧尋求慰藉，我喝得太過，滿腹怨恨，唯一可以發洩的地方，就是街上近處的一個垃圾箱。

我在盛怒下，抬起腿猛踹這個金屬垃圾箱，我嫌高跟鞋踹得不夠痛快，還不斷狂吼「去你媽的」，直到不知從何殺出兩位女警叫我別再鬧了。「妳喝太多夏多內了（chardonnay，譯註：全世界種植最廣的白葡萄酒）。」其中一位女警表示道。這番譴責讓人聽得莫名其妙。夏多內？我那撲天蓋地，無可言喻的椎心之痛，在外人眼裡，竟只是一個灌太多橡木味白酒的女人在發酒瘋而已。

在這兩次事件中——之前受傷，以及好友去世——我對死亡的反應是本能、原始的，沒有受到任何外界的影響。我的反應沒有受到理性、宗教或哲學的調和、衡量或過濾。那是來自內心深處，古老而普遍的反應。人們怎能一遍又一遍地承受死亡，逼視死亡？

我們遲早都會有這種經歷：面對第一次失去親友的震驚，並意會到自己終將一死。我們在經歷這些時，便產生一些改變，就像聽到一個所有人最終都會參與的可怕祕密。

知道自己和我們所愛的人都會死去，是最令人吃驚，卻也最自然不過的事。

但為什麼第一次接觸死亡的感覺，會像是發現一種祕密？

也許是因為我們在很大程度上，沒有活在現實裡，反是活在一個喜歡假裝自己永遠不會死亡、生病和老去的社會中。**真**

正的祕密不是我們終會一死，而是我們活在一個假裝自己不會死亡的文化裡。

我們的文化和這個時代，不停地以年輕人的演算法來運轉，社群媒體上持續大量湧現的影像，崇拜各種瑣碎的、新的、愚蠢的、膚淺的、熱門的、網路爆紅迷因的、震撼的時代思潮。我很愛我們所生活的時代，一點也不枯燥，但這種不斷更新的**內容**，不停刷新的頁面，每次都比上次更勁爆的狀態，也有它的缺點：那就是，我們的文化太不成熟，不敢迎向死亡。

這種無法面對（直視生命）的缺點隨處可見。我們的社會不再從容面對死亡的儀式、語言或方式。我們的螢幕上充斥對暴力的描繪，但真實的暴力往往伴隨死亡，我們卻沒有機制（或儀式、詩文）來處理我們自己的死亡。最完美的一個例子便是，美國開始有大批人死於新冠病毒時，川普總統用不可置信，竟然會有死亡**這種事**的語氣說：「我希望我們能恢復舊有的生活。我們曾擁有史上最蓬勃的經濟，而且沒有死亡這回事。」他天真且訝異地說，我們不都是這樣的嗎？

我們在生命末期，會為了多活幾年而奮戰，投入金錢、科技與醫學來爭取更多時間，但實際上，我們不懂得珍惜活著的當下。

我經常想起石黑一雄（Kazuo Ishiguro）的絕妙好書《別讓我走》（Never Let Me Go）。表面上，這是關於複製與器官捐贈的作品，但我將其解讀為人類否定死亡的寓言書（**我們曾**

擁有史上最蓬勃的經濟，而且沒有死亡這回事）。《別讓我走》的悲劇在於，書中的人物是為了赴死而創造的。當書中人物和我們這些讀者發現他們從小就被蒙在鼓裡時，讀者覺得難過極了。他們都難逃一死，為什麼不能讓他們**活下去**呢？然後──剎那間──出現了比之前更令人震驚的第二項醒悟。原來這也是**我們的**命運，讀者的命運！我們也注定要出生與死去，而且我們無法選擇時間。為什麼我們不能永遠地活下去？

　　西奧‧泰特（Theo Tait）在《電訊報》（The Telegraph）中對該書評道：「讀者慢慢意識到，《別讓我走》是一部關於死亡的寓言。海爾森學校的學生用被嚴重洗腦過的聲音，相互講述一些可悲的小故事，以逃避未來駭人的真相──他們屬於我們；聽說我們都會死，但我們並沒有真懂。」

　　我們並沒有真正地去了解──但斯多葛學派窮畢生之力，企圖理解自己終將一死之事。

　　還有悲痛。我們獨自承受椎心之痛，除了Facebook上的紀念網站和醫生開的抗憂鬱藥外，得不到其他支援。如何面對喪親，如何處理失親之痛──這份心碎、這道烈焰、這片冰冷的荒原？斯多葛學派深究過死亡與悲傷的議題，並據此寫下他們的傳世之作。塞內卡在作品《論人生短暫》中說道：「學習如何活著，需要花一輩子的時間，而且……也需要一輩子的時間，去學習如何死亡。」

　　我們**能做的**，是為死亡做好準備，面對現實。準備迎接死亡這項有時冷酷、有時令人鬆口氣的任務，向來是我們能夠做

到，卻避而遠之，**不想**去做準備的。我們仍有一種深入骨髓的迷信，覺得我們若做了準備，就是在召喚死亡，就像一種暗黑系的願景。我們不做準備，是因為在我們的想像裡，若不去面對死亡，那麼我們所愛的人，包括我們自己，就不會死了。

可是我們非準備不可，因為死亡已在每個滑過的瞬間悄悄地發生了。在我寫下這些文字的時候，它正發生在我們所有人身上。我們每天都在逐步邁向死亡。

明白生命短暫，了解自己與他人的有限性，是斯多葛哲學的基石。斯多葛哲學也很能平定伴隨悲痛、突然失親，和面對自己死亡時的混亂心情。

所以，我們將從這方面著手。

古代斯多葛哲學家活在一個極其危險的時代，母親和嬰兒死於分娩時，人口受疾病肆虐影響，還有瘟疫橫行，世界不公不義，以及奴隸制度。假如你跟塞內卡一樣參與政治，更得時時提防伺機殺害你，或企圖將你流放的敵人（塞內卡兩度遭到流放，前雇主尼祿皇帝還命令他自殺）。

為了在高度不確定的時代獲得某種平靜，斯多葛學派必須面對現實：也就是說，他們是一出生，就注定會死去的凡人。

對於斯多葛信徒而言，善終與生活幸福是息息相關的，如果你了解生命的短暫與無常，便不會浪費一秒鐘。

時常意識到人終免一死，那麼當你來到生命盡頭時（無論是年輕、年邁，或正值中年），便不會像那些總以為自己永遠不死的人一樣，有各種遺憾了。

斯多葛學派以幾種方式來思考死亡，並預防死亡對自己造成的衝擊。斯多葛學派經常思索死亡（就像接種疫苗一樣，給自己輕劑量的疾病），而漸漸習於這種想法，因此當死亡降臨時，才不至於五雷轟頂。換句話說，他們一輩子都在為最壞的情況做準備。

想像沒有明天

斯多葛學派認為，你應該趁親友在世時，預先為他們哀悼。斯多葛學派建議大家，在對方活著時，便經常想到對方的死，為不可避免的死亡做準備。塞內卡曾說：「讓我們貪婪地享受我們的朋友，」如同我們應該享受我們的孩子，「因為我們不知道自己還能享有這種特權多久。」

我剛開始學習斯多葛哲學時，覺得想像活者往生，忘掉死亡，並享受生活，聽來挺病態的。可是因為這是我研究的三位羅馬斯多葛哲學家（塞內卡、愛比克泰德和馬可‧奧理略）的教義實踐核心，只好試一下。

這種練習的目的是珍惜眼前的朋友，而非等他們去世後悲痛不已，後悔不及。

塞內卡說：「讓我們把對往生者的回憶，變成美好。」回

憶之所以美好，是因為我們在親友在世時，便已充分珍惜他們，因此親友離世後，不至於如此痛苦震驚（斯多葛信徒不應對死亡感到震驚）。

為了為悲傷做好心理準備，斯多葛學派使用了一種稱為「負面想像」或 *futurorum malorum præmeditatio*（拉丁文，字面意思為，預先研究不幸的未來）的技巧。

用負面想像，想像深愛的人在次日或今晚去世，今天與他們的相處，便是他們在世的最後一天（或者是**你**在世的最後一日）。如果你認為時間有限，那麼與他們同處的時光，將變得異常珍貴。

我仍記得同學離世前，最後一次見到她的情形，她在海濱小鎮的咖啡店裡工作，我去看她。我坐在包廂裡，朋友在我四周忙進忙出，得空時便停下來跟我聊幾句。我從對面的麵包店買了一份香腸卷，問她能否在咖啡店裡吃外食。「當然可以，」她笑著說。「但是要藏好唷。」我點了一杯咖啡，坐在那兒開心地偷吃我的違禁香腸卷，老友則東忙西忙，不時中斷談話去服務客人。我們聊天時，我發現她異常焦慮，我安慰她，試著讓她放鬆一些。後來好友去世了，我心想，我那時是否當成**見她最後一面地**去安撫她，支持她？並沒有，我們的相處品質並不優，我在她忙著咖啡館裡的工作時，試圖跟她聊天。那次見面雖然高興，卻三心二意。這是可以理解的，我原以為我們還會有許多聊天機會——兩人都還會遇到許多的風風雨雨（也會有平靜的日子）。我當時一點也不覺得，我們應該

迫切地珍惜當下。

　　然而斯多葛學派認為，我們應珍視每一次相遇，珍惜每一個人，特別是與我們親近的人，就當那是最後一面。這是一顆難以下嚥的苦藥，尤其對象是個孩子，尤其是你自己的孩子。

為孩子的死亡做準備

　　斯多葛主義中最令人毛骨悚然的段落（或者任何文學作品中最令人悚然的段落），是愛比克泰德建議學生練習的負面想像——假想自己的孩子夭亡。「提醒自己，你所愛的是個凡人……當你為某件事情感到高興時，為自己幻想相反的一面。當你親吻自己的孩子時，補上一句：『明天你會死去。』或對你的朋友說：『明天我們當中有人會死，再也見不到對方了。』這能有什麼害處？」

　　不了解斯多葛主義的人，單單讀愛比克泰德的這段文字，一定會覺得斯多葛學派的人是怪物：

明天你會死去。
明天我們當中有人會死，再也見不到對方了。

　　（這不僅是斯多葛學派的觀點，基督教也有類似的看法。小時候，奶奶常陪我一起祈禱的禱文便是：「現在我要睡了，我祈求主保佑我的靈魂／若我在醒前死去／我祈求主接納我的

的靈魂。」）

斯多葛學派認為，生命是隨機而專斷的，即使我們未雨綢繆，禍事照樣發生，而且死亡等待著每一個人——由不得我們選擇時間。一場疾病可能奪走你的孩子；一次意外也許奪走你的朋友，就像我的朋友因藥物過量而意外死亡；或者頭部受到重創差點喪命，如同我那次差點死在西班牙一樣。

斯多葛學派認識現實的殘酷，知道我們在世間的位置，希望透過負面想像，在最糟的狀況來臨時，削弱那一刻的衝擊。

過度負面想像

負面想像能使死亡顯得更理所當然且自然嗎？它能夠改善我現在的人際關係，使我更加懂得珍惜活著的親友嗎？

我決定試一下，但負面想像的過程很容易出錯。這就像一道食譜——一味地往最壞處想，可能使人焦慮；想太少，又不足以改變思維，在遇到最慘的景況時，發揮保護作用。

2019年聖誕節過後不久，我和安德魯在雪梨碰面，討論我們對斯多葛學派的練習進度。這個學派在聖誕節和與家人共度時，非常好用——2019年的聖誕節也不例外。當時我正處於負面想像的實驗初期，結果我唯一成功做到的，就是緊張兮兮地害怕自己愛的每個人都會死掉。

我坐在聖誕午餐桌邊，四周環繞著我最心愛的幾代親人，想像每個人在回家路上死於連環車禍、被不新鮮的海鮮毒死，

或被迅速蔓延到住家的大火燒死⋯⋯實在太可怕了。

回到雪梨後，安德魯建議我常常短暫式地運用負面想像即可——只「閃過」某人死去的念頭，不要鑽牛角尖。他經常使用這種方法，也同意「有時真的挺困難，想像各種禍事從來不是什麼愉快的事，但一旦做過了，反而更能心懷感激地面對任何結果。」他說負面想像「就像一份保單，你會接受任何結果，即使是壞的結果」。

「你當然還是應該享受家庭聚會，只是別忘記，不是每個人下次都可能再次如此相聚。」他說。

後來證明安德魯的建議是對的。

幾個月後，澳洲的疫情在2020年3月爆發開來了，邊境迅速關閉。封鎖期間，我們無法離開住家五公里以上，或去探視親人。那個曾被我負面想像成**最後一次**的2019年聖誕節，有可能**真的就是**最後一次了？

結果不是最後一次，可惜並非每個家庭都如此幸運。在那兩年裡，許多家庭（包括我認識的六個人）失去至親，卻無法參加葬禮，或在親人臨終前陪伴在側。

與家人分離後，我發現之前的團聚格外難能可貴，因為我不再視之為理所當然了。在邊境關閉，與親人分隔的兩年裡，我按照安德魯的建議，經常但短暫性地運用負面想像。當封鎖稍微解放，能夠見到我父母後，我便想像每次探訪都可能是最後一次，我們其中一人不久便可能離世。我利用這種瞬間想像，盡力珍愛每次的相聚。

　　由於家人依然健在，因此我無從得知他們若死於封鎖期間，我的斯多葛負面想像實驗能否減輕痛苦。時間將證明一切。我們遲早都會死去，所以最後我一定會知道——除非我先死。但是把跟父母的每次聚會都當成最後一次，使我更懂得享受他們的陪伴。

消除恐懼——經常想到自己的死

　　做負面想像時，除了思考他人的死亡，也應思考自己的死。斯多葛學派對於死亡和自己在世的時間，抱持務實的態度。他們知道自己無法控制死亡，但**可以**控制自己對死亡的看法。愛比克泰德說：「我無法逃避死亡，但至少能避開對死亡的恐懼。」

　　斯多葛學派藉著經常正視死亡一事，來擺脫對死亡的恐懼。古羅馬時期的將軍在凱旋歸來時，會由一名奴隸陪他穿街遊行，該奴隸的職責便是提醒將軍，凱旋的榮耀不會永恆長存。「*Memento mori*，」奴隸會在將軍耳邊低語說：「請記住你將死去。」

　　重點在於習慣思索自己的死。若是不斷地活在對死亡的恐懼中，便無法開始好好地思索死亡。時時提醒自己生也有涯，便能精準地聚焦在真正重要的事項上：也就是此時此刻——我們所擁有的時間。當我們意識到時間在不停流逝，便會明瞭生命何其短暫。

塞內卡在《論人生短暫》中寫道：

你活得像是長生不死；從未想到自身的脆弱；你並未
注意到時間已大量悄然流失，而一逕地揮霍，像是用
之不竭——然而你拿來奉獻給某個人或某件事的那一
天，可能是你的最後一日。你在害怕的事物上，表現
得像個凡人，卻對渴望的事物，表現得像永生不
滅⋯⋯

塞內卡寫下這些話後，情況並沒有改變，我們依舊過著
「永生不滅」的生活。我們把真正想做的事延到退休後，或認
為只有在賺到幾桶金後，才能喘口氣，或借一大筆房貸到郊區
買豪宅，卻未曾仔細想過，我們因此得做牛做馬三十多年，說
不定還是個自己討厭的行業。

馬可・奧理略曾警告說：「不要一副自以為能活千年萬載
的樣子，死亡籠罩著你。趁你還活著時，做個善良的人。」

古時與今日沒有不同：許多人從未真正展開他們的人生。
我們太忙於工作和賺錢，信誓旦旦地說總有一天，我們會停下
來好好休息，享受當下。

塞內卡一針見血地點出：

你會聽到許多人說：「等我到了五十歲，便會退休閒
居；等我六十歲時，就會卸下公職。」你拿什麼保證

自己能享長壽？誰容許你按照自己的安排去過日子？你不覺得僅把殘餘的生命留給自己，用那些畸零到什麼事都做不了的時間去培養智慧，是很可恥的嗎？在生命即將結束時才想到真正地展開生活，可就太遲了啊！

我們是拖延大師，迷失在工作和俗務裡，與此同時，時間和生命便流逝了，但我們似乎渾然不知自己是如何**使用**時間的。思考自己的死亡，迫使我們聚焦於我們手上的時間。

時間是最寶貴的貨幣

斯多葛學派非常關注時間，把時間當成我們真正擁有的唯一貨幣。這也是最民主的貨幣：每一個人——無論貧富——都有一定配額的時間（雖然時長各異，但金錢並無法買到額外的時間）。

我浪費大把的時間，每天掛在網上，花好幾個小時從事無關緊要的事情，或耗在無聊到隔週便不記得的爭論上。這既不是真正的工作，也不算有意義的休閒，更不是思考和放鬆。古代的斯多葛學派會認為過度使用網路，是極不懂善用時間的表現。我會把一大筆錢扔進垃圾桶裡嗎？不會，但我會不假思索地把時間浪費在網上。

浪費時間是老問題了。塞內卡約兩千年前寫道：「你能告

訴我，有誰會給自己的時間標價，了解一日的價值，知道自己每天都在邁向死亡？實際上，我們以為死亡是以後的事，這點就是錯的：我們已經死掉大半了，因為我們所有的過去，都已握在死神手裡。」

金錢在人生中是來來去去的，時間卻總在流逝。我們無法借到或創造出更多的時間。我們擁有的，就是僅有的，並且不斷減少，而非積累。一旦你領悟這點，對生活的安排便會有所改變。如果你把時間視做最珍貴的財物，便比較不會用沒有具體結果的會議填滿一天，或在陽光明媚的星期六，懶躺在床上熬宿醉，或跟自己不喜歡的人共度週末。我們之所以浪費時間，是因為自認有用之不竭的時間。我們心中有個自欺的角落，以為自己能長生不死。

當然了，我告訴你的全都是老話了。多年來，我們一直聽到關於人們汲汲於金錢、工作和工作相關的社經地位的警訊。但基於諸多因素，特別是資本主義體系的性質，使得我們持續被困在這場疲憊的夢境裡。

許多零工經濟[10]的工作者一週工作七天，每天十個小

10 **零工經濟**：gig economy，透過數位勞工媒合平台，將分散於各地的勞力資源，按需求調度到特定地點執行任務。這些被調度的勞工即為「零工」，多半從事服務或任務性質單純且零碎的工作，如代駕、代辦雜務、居家打掃等。

時——他們透過各種APP的安排，賺取零散的收入。而白領世界的人，即使沒上班，也還是隨身攜帶工作。我們的手機和電子郵件將我們跟辦公室綁在一起，即使下了班，腦子還是圍繞著工作。

人們漸漸領悟到，一定得有更好的**生活方式**。這種方式可能會減少收入或安全感，但回報是，你會重新拿回自己的時間。

這種重新審視工作的思考並不是新鮮事。有一批精英，老早便重新評估過自己的工時分配，這可回溯到伊比鳩魯學派[11]，這個與早期希臘斯多葛學派相互競爭的哲學派系，鼓吹學生們過集體生活、耕種花園，並花時間冥思、休閒與研究哲學。

1845年，亨利・大衛・梭羅[12]估算自己到鄉村過單純的冥想生活，需要花多少錢（或不需要那麼多錢），經過一番計算後，他在麻薩諸塞州的森林裡，盡其所能地與大自然和諧共處了兩年多的時間。

後來則有1960年代的嬉皮文化，今天的FIRE族（財務獨立，提早退休，financially independent, retire early）和以車為家的風潮（van life）。如今在歷經兩年多的疫情後，我們有一代人開始質疑，工作在我們生活中所扮演的角色是否過重。

想像一下，如果有更多人把**時間**提升為生活重心和組織的原則，會變成如何？結果應該會徹底顛覆我們的生活方式吧。我們將從這場沉溺已久的迷霧中醒來，我們誤以為自己握有世上所有的時間，把真正想要的事物推遲至退休（假如我們真的

有幸能夠退休），或所謂「將來有一天」的神祕終點時才去做。將來有一天，你會到處旅行、好好休息、讀更多書、寫一本書、陪孩子玩、創業、搬到鄉下或成家。**「在生命即將結束時，才想要真正地生活就太遲了！」**

最近我反省自己一生中最幸福是什麼時候，這些美好時光有一個共同點，那就是當我從容不迫，手上有大把時間時，財富有了不同的形式。當時我有充裕的時間，卻處於失業，手上沒有太多錢，我會為自己能否找到工作而焦慮。但回想起來，擁有大量時間，比銀行裡存有大筆財富更好、更神奇。我稱之為我的「頑童時光」——來自馬克吐溫[13]對悠閒和慢活的歌頌（「住在木筏上真是美妙，我們擁有星羅棋布的天空，我們常仰躺著觀賞星子，討論它們是被創造而生的，或只是偶然出現的。」）。

頑童時光……無所事事的午後和悠長的淡藍色薄暮，2008年在柏林騎車兜風。我勉強靠撰寫旅行故事糊口，但我有充沛

---

11 **伊比鳩魯學派：**Epicureanism，創建於西元前307年的一個哲學思想體系。

12 **亨利·大衛·梭羅：**Henry David Thoreau，美國作家、詩人、哲學家、廢奴主義者，著有《湖濱散記》和《論公民的不服從》。

13 **馬克吐溫：**Mark Twain，《頑童歷險記》作者，美國作家。

的時間，朋友們也差不多都有一頓沒一頓，所以大夥明智地浪擲時間，在城市裡或騎車或步行漫遊，到公園打乒乓球，在桌邊擺上一罐廉價的啤酒，如果沒有空的球桌，便把腳踏車扔在地上，躺到一旁，在蒂爾加滕公園（Tiergarten）的樹下看書。

還有在紐約那兩次為期三個月的期間，我住在布希維克上西區公園坡（Bushwick，Park Slope）的便宜租屋……我沒有特定的地方要去，可以任意探索這個世上最偉大的城市：展望公園度過的下午、地獄廚房的跳蚤市場、踩著共享單車沿高架公園騎行、在曼哈頓街區漫無目的地閒逛、到天台酒吧喝一杯，下方是活力四射，電力嗡鳴的城市。

或是新冠疫情第一次封城期間，我家老弟過來陪我一起住在鄉下，在墨爾本朝內陸方向八十分鐘車程的地方。時值初秋，葉色斑斕，我們雙雙騎上腳踏車，由於一切都封閉了，我們無處可去，便沿著漫漫長路騎入灌木叢裡，爬上山丘，停在小村的商店買杯飲料，吃片派餅，路面上空盪得詭異，頂上有老鷹盤旋。我們進入荒僻小徑的密林裡，那裡蟲鳥走獸四布，全然無視於城中的恐慌與焦慮。

2021年迎來了另一次封城，這回是雪梨——朋友伊凡和我在邦迪海崖的小徑上會面，一起去健行。有時我們會停下來坐到岩石上，看海豚躍出水面。其他時候則在港灣邊，走赫米提吉步道（Hermitage walk），途中在小海灣裡游泳。日落時，繞到通往玫瑰灣的小徑，走在沙灘上，天空瞬間燃成豔紅。

所有這些美麗、輝煌的事物——所有這些財富！——都是

免費的，而唯一的代價就是時間。

工作——但要有意義

　　頑童時光固然美好，卻得有工作與貢獻去加以平衡。

　　古代的斯多葛學派認為，人應該努力工作，並引以為榮，但工作只是生活中的一部分。

　　羅馬時期的斯多葛學派——塞內卡、馬可‧奧理略和愛比克泰德——都相當勤奮，但希臘斯多葛學派也許會指責他們的對手，伊比鳩魯學派，太過懶散，因為他們更遠離世俗。拜託！馬可‧奧理略可是羅馬帝國的皇帝欸！他在位時，被視為帝國最承平的時期之一。塞內卡非常多產，寫了數百篇文章、劇本和信件。愛比克泰德在擺脫奴隸身分後，晚年創辦了自己的哲學學派，並在本該韜光養晦的退休之年，收養撫育一名孩子。斯多葛學派是入世、強大、充滿活力、積極參與政治，並與社區互動的——退隱江湖不是他們的風格。

　　斯多葛學派深信時間——以及如何使用時間——比爭取地位和金錢更重要。對斯多葛學派來說，工作是建設社會、分享創意和貢獻社區的一種方式，而最高境界的工作，就是從事哲學。塞內卡對哲學及其價值的看法是：「哲學塑造並建構了靈魂，哲學整頓我們的生活，指引我們的舉止，讓我們知道該做什麼以及不該做些什麼——缺少哲學，沒有人能夠無畏無懼地生活，或過得心安理得。」

　　斯多葛學派對哲學的興趣並不是抽象的學術活動，塞內卡以一種至高無上的氣勢，批評那些熱衷於抽象清談的哲學家：「哪來的時間胡攪蠻纏，你答應要幫助那些遭遇船難、被囚禁、生病、有需求的人，以及那些處於刀俎下的人。你把注意力擺在何處？你究竟在幹什麼？」

　　沒錯，你究竟在幹什麼？

　　斯多葛學派認為生命短暫，他們不相信有來世；重要的是我們在世上的時間。塞內卡寫道，為了在生命中實現某種美德而祈禱「是愚蠢的」，「因為你可以自己去取得」。

　　釐清如何活得幸福，深思優質生活的含義，是對我們獨特人生的最佳投資。「不要表現得一副你有一萬年可以浪費的樣子，死神就在你身旁。趁還活著，且尚有能力的時候，做點有意義的事情。」馬可・奧理略寫道。

斯多葛式練習：消除對死亡的恐懼

　　馬可・奧理略在統治廣袤的帝國期間，為了防範悄然而至，對死亡的恐懼，便經常告訴自己說：「暫時先停下手邊的事，問問自己：『我害怕死亡，是因為害怕自己再也無法做這件事了嗎？』」

　　這個練習能分辨出兩件事，如果這項活動是我們所喜歡的，而怕死是因為我們將無法再參與這項活動（也許是與朋友或家人共處、到山區健行、晨泳或喝咖啡），那麼

這個信號告訴你，應該要享受當下，珍惜這項活動和陪你參與的人，並盡可能地享受其中的樂趣。

如果是沉悶乏味，或你並不會懷念的活動——例如家事、通勤、令你痛恨的工作——那麼就更沒有理由害怕死亡了，因為你再也不用被迫做這些討厭的事了。

把每天都當成最後一日

雖然塞內卡建議我們「消除所有對死亡的憂慮」，但他並不是指應該徹底忘掉死亡這檔事：他只是表示，你不該**擔心**死亡，而應**思考**死亡。我在聖誕節開始做負面想像練習時，發現兩者是有區別的。塞內卡說，你應該以一日做為標的——把每一天當成自己的最後一天。

「讓我們做好臨終的心理準備，不再拖延任何事情，讓我們平衡每日的生活帳簿。每天為自己的生命做最後潤飾的人，永遠不會缺乏時間。」塞內卡寫道。

從上方觀照

斯多葛學派為死亡做準備的方法之一，就是提醒自己在宇宙中的位置——也就是說，我們是宇宙中短瞬即逝，渺如塵埃的過客。

馬可・奧理略說：「時間的長河分配給每個人的時間何其短暫！因為它很快就會被永恆吞沒。而整體物質的一小部分是何其微小！宇宙靈魂的一小部分是何其渺小！你在整個地球上行經的土地又是多麼地微不足道！」

我們常被生活中的問題壓到喘不過氣，這種從凌駕於上的俯視視角，能使我們意識到自身在漫長的時間跨度中，渺小的存在本質，我們的生命僅是人類歷史長河裡的一粒沙塵。

任何有幸看到世上最古老綿長的文化，如澳洲原住民的岩畫，或看到埃及金字塔，或凝望北加州林中的古樹者，也許都體驗過面對無窮天地，令人驚嘆與謙卑的體悟。我們的一生只是歷史裡的一個斑點。占據我們心神的諸多煩惱，最終真的無足輕重。

一開始面對死亡的議題，確實有些沉重──但我的斯多葛之旅第一步，就是面對人人皆難逃一死的事實。我們每天都在步向死亡，我所愛的每一個人都將離世，我自己也會死去──時間難料，也許早，也許遲。確立了這個觀點，至少**承認**這一點之後，接著我會討論下一個議題：學習如何把生活過好。

―――――――
如何⋯⋯
―――――――

分辨重要事物

「有些事能由我們控制，有些不然。」

——愛比克泰德

「我們越重視自己無法控制之事，能掌控的就越
少⋯⋯」

——愛比克泰德

2019年底的某個星期日，安德魯和我在他城裡的辦公室會面，討論兩人一直在進行的研究，以及如何將這些原則應用到生活裡。

這是一個很有意思、或許也很幸運的時間點，去師法古人的處世之道。

2019年底的那幾個月，氛圍丕變，雪梨四周大火叢生，古老的森林燃起熊熊烈焰，灰燼漫天飄落，數十億的動物被焚燒殆盡。那年夏季的天空燒成了棕色，空中瀰漫著刺鼻的煙霧。城市街頭開始出現口罩，尖尖的N95口罩過濾煙霧和污染，孩子們被迫停課在家。十二月，我參加一場在豪華海濱別墅舉辦的新品牌粉紅酒發表會，覺得這場景簡直就是新黑暗時代的象徵，當大片的灰燼從天空落入我們的飲酒時，我們還在微笑自拍。

我們大家全穿著派對禮服和厚重的運動鞋，手機充飽了電，準備在Instagram上放美照，雖然大夥的眼睛都熏紅了，但只有些咳嗽，我發現有些客人掏出氣喘噴霧劑。那一天，雪梨的空氣品質是全球最糟之一。

別墅裡有DJ、品酒師和廚師，他們詳細解說開胃菜裡的扇貝產地，並談到最近一次精彩的瓦哈卡[14]之行。後來大夥圍在一起品酒，旋著杯中的酒液，然後吐掉。每一種葡萄酒裡都摻著大火的氣味。

---

14 **瓦哈卡**：Oaxaca，墨西哥古鎮。

　　DJ繼續播放音樂，但那些出自歌手Tones and I、馬克・朗森（Mark Ronson）的曲子，聽起來緊繃、刺耳，怪異且不和諧。煙氣帶著近似化學的異味，我在品嘗一杯杯粉紅酒的空檔，心想這些元素究竟能交融成什麼：古老的森林和野獸變成一根根的焦炭，倒臥或飄浮在空中，化入水土裡；這些灰燼的微粒落在我早上游過渾濁海水的身體上，此時又在港邊的派對飄進我的酒裡，被我吞下。（「幾乎就是世界末日。」我緊張地跟一位朋友開玩笑說。）

　　網紅們在碼頭和泳池邊大擺姿勢，無視於周邊發生的一切：這殷紅的太陽，那污褐的天空。

　　當時是2019年12月，感覺是學習斯多葛主義的好時機。

　　氣候和穩定的季節變化已江河日下，這點現在是無庸置疑了。但似乎沒有人願意看到現實——人類世的危機，已在我們眼前亮出刀刃了。

　　當時我們並不知道，我們怎麼可能知道？2019年的夏天，只是一連串與環境破壞有關的事件起始，這些事件如此地戲劇性，帶來重大的改變：火災、吸不得的空氣、新冠疫情、洪水。在這個突然更加失控的世界中，找出生活中**能夠掌控的事項**，變得至關重要了。

　　那正是斯多葛學派能改變生活的地方，它教我如何迎向迅速惡化的世界，堅強地面對，並應付這些轉變。

　　古代斯多葛學派對現實有很多觀點：直視生命、看清其真貌，與現實共處。

控制二分法

斯多葛學派在採取行動之前,會先有一個動作,那就是為所有事物做一項基本測試,稱之為「控制二分法」(Dichotomy of Control)。斯多葛學派評估在某個情境下,自己能與不能夠控制的事項,並聚焦在他們可控的領域上。

2019年夏天,我和安德魯在他位於馬丁廣場的辦公室聚會時,這就是我們討論的第一項斯多葛原則。

安德魯在白板上畫小人圖,我們在紙上畫出控制二分法的圖示。

　　控制二分法是斯多葛學派的基礎，因此愛比克泰德在《手冊》中開章明義地寫道：「有些事情在我們的控制範圍內，有些則不然。可控的事項是意見、追求、欲望、厭惡，簡言之，就是我們自己的行動。不在我們控制範圍內的是身體、財產、聲譽、命令，簡言之，並非我們自己的行動。」

　　這段話是斯多葛哲學的基石與試金石，釐定出我們可以控制的事物，我將之詮釋為我們的品格、我們對待他人的方式，以及我們的行為和反應。接著愛比克泰德敦促我們，不要試圖控制其他事物，那只是徒費時間與精力罷了。

　　這並不表示我們不該在自己無法掌控的事項上做出努力，例如氣候變遷。斯多葛學派人士畢竟不是被動的人，他們在歷史上是行動者：政治領袖、皇帝與戰士。他們知道即使自己受到嚴格的訓練、剛正不阿、廣結善緣且勤奮努力，還是無法左右結果。他們僅能掌控自己的品格、行動（和反應），以及對待他人的方式。

　　起初在我看來，我們能影響的領域似乎非常有限。然而在這看似狹小的範圍內，古老的斯多葛哲學家，卻活出了非凡的人生。面對自己無法控制的外界，並不會令人感到無力——其實恰恰相反。專注於修養品格、看待世界的方式和自己的生活方式，反而能掌握自己真正有能力改變的事物，同時保持內心的平靜，因為你不會過度依賴那些超出自己控制範圍的結果。

　　安德魯在早期聚會時便解釋說，控制二分法不僅是有用的決策工具，對他運用斯多葛哲學的日常，亦至關重要。這項重

要的組織原則，能釐清一切，使我們更容易做出決策，並管理情緒的投入。簡單來說，你先分辨什麼是自己能控制的，然後投入心力，別把時間精力浪費在庸人自擾、無法控制的事情上。

「對我來說，控制二分法是最好用的，你不會為不可掌控的事去乾著急。你能控制的事非常有限，幸運的是，它們都在你的影響範圍內。我發現在這個複雜的世界裡，這點非常令人釋懷。」安德魯說。對於像我這種毫無章法的無頭蒼蠅來說（無論是精神或實質上的），有個簡易的法門，能讓人走出十里迷霧，做出決策，實在很吸引人。控制二分法的另一個重要性，在於它阻止我過度仰賴機會、偶然、運氣、說服和希望，以免當事情不如我意時，我會感到失望（這種失望會破壞我的安寧）。

如果我在現實中能控制的如此有限，事情又怎麼能盡如人意？事實上，迄今為止，我大半輩子都是按無法控制的天意在走。我曾經設定許多目標，並努力逐夢，最終皆因自己無能為力的外力干預（如時機），而宣告失敗。例如讀完法律後，我在經濟衰退期間找工作，投了上百份履歷後，只拿到一次面試機會。我若能晚十年畢業，趕上更健全的經濟環境，結果可能會不一樣，而我的人生也許會走上完全不同的道路。

• 可掌握的事項

根據我對斯多葛主義的詮釋,我們能完全掌控的,僅有三件事:

1. 我們的品格
2. 我們的反應(在某些情況下指我們的行動,但不包括其結果)
3. 以及我們對待他人的方式

其他的事我們只能控制部分,或者完全無法決定。

部分控制可以比喻成,船長能控制行船,卻無法控制天氣,還有我們僅能有限地控制自己的身體和外貌。我們可以掌控自己攝入的食物,卻無法控制決定我們外貌、健康和體型的基因——除了一些例外的先進科技,我們對自己的基因構成並無控制權。

• 可控者遠低於想像

控制權對我們的心理很重要,因為我們會覺得自己坐在駕駛座上,沒有隨波逐流,我們的生活是往前進的,能有所選擇。我們喜歡掌握情勢,因為那使我們感到安全。

我們自以為能掌控某些事情:如外界對我們的看法、我們的名譽、機會、所愛和愛我們的人,以及我們的生活方式。我

們以為能控制自己的身體：身體的外觀與功能、形狀和大小。
我們覺得能掌握自己的職業與前景、金錢、安全和健康。覺得
可以駕馭自己的聲譽，一步步往高處爬。

再回到航海的比喻上，我們自以為是船隻的主人，掌舵行
進的方向。但世事難料，彷若暴風雨般，我們可能因此偏離航
道，即使我們已盡了人事。令人很難接受的嚴苛事實是，我們
從一開始就沒有那麼多控制權。

想想生活中一切無法控制的事。你不能控制事故、病痛、
遇見並愛上的人，或誰會愛上你。你無法控制父母或朋友何時
死亡，或子女的殤逝，或（在某種程度上）自己能否有小孩。
你沒辦法控制自己能否被錄取，或投資是否成功。無法決定自
己的老闆或選擇你的同事。無法控制約會的對象是否對你一往
情深，或喜歡的人是否也喜歡你。你對經濟崩潰、疫情、高通
膨、戰爭、高油價、利率上升或中國木材短缺無能為力。你無
法選擇是否會面臨失業或生病，或能否從疾病中康復。這一切
都超出了你的控制範圍。然而我們卻假設生活的很多面向，都
是我們能掌控的──所以當我們不如意時，才會感到煩惱、焦
慮和不快樂。

一想到我們對許多事都束手無策，就覺得心驚，這世界也
太難管理，太混亂了吧。

我們都認識那種被稱為控制狂的人：過度介入子女生活的
直升機父母；緊迫盯人的老闆；疑神疑鬼的男女朋友；總是堅
持按自己方式行事的友人。然而據斯多葛學派的觀點，這些人

只是空有控制的幻覺罷了。設法掌控事物，或許讓**他們自己**感覺良好，但最終他們能控制的，和其他人沒什麼兩樣：也就是說，他們只能控制自己的品格、反應和行為，以及自己對待他人的方式。

你或許會辯稱，你的老闆就能控制你——雇傭關係就是這麼回事——但那只是一部分的控制。你可以辭職、拒絕一項任務、談判、訴求工會，或在進行任務時，對任務本身有自己的想法。

把控制二分法當成自己的工作核心的愛比克泰德，原本跟他母親一樣，是個奴隸。他非常了解被控制的感覺，但他的主人絕對無法全然掌控他。愛比克泰德的思想、反應和品格，完全隸屬於自己（他的行動並不全在自己的掌握裡）。

「通往幸福的方式只有一種，那就是莫再煩惱那些超出我們能力範圍的事。」愛比克泰德如是說。

在我開始將控制二分法應用到複雜的生活情境前，我先練習用這個方法來思索球賽——具體來說，是以我最愛的球類運動，網球來思考。雖然我能控制自己練習的次數、比賽時的專注力、身材的維護及投入的精力，但最終我還是很難控制輸贏。也許我的對手更強大或遇到下雨，我在雨中很難發揮，或當天我月經來，渾身不對勁。我只能盡力而為，控制自己有把

握的因素。但比賽的勝負，終究不是我能決定的。

　　然後，我開始思考將控制二分法應用到工作上。我可以全心投入地寫專欄，但讀者或社群媒體上的人可能不會喜歡，給我負評，害我心裡不平靜。我不能控制讀者對專欄的反應，我唯一有把握的，就是把專欄寫好（我的行動），並控制我對讀者回饋的反應（別使平靜的心情受到干擾）。

　　或者應用在約會上。我可能喜歡某人而追他，但他是否喜歡我，則不是我能控制。我沒辦法控制別人，只能專注在自己的品格、對待他的方式，以及自己的回應上，特別是在受到傷害或拒絕時。

　　運用控制二分法，有時結果並不如人意。我在2020年時得了肘關節肌腱炎，連打電腦都會痛。我沒辦法控制自己受傷，卻能掌控治療方法。物理治療師建議我多休息，減少電腦使用量，這是我可以控制的。但結果就是沒收入，因為我沒有病假可請，對我來說，休息不是一種選項，因此我只能帶傷繼續工作，這可能對我有害，同時也指出一點，嚴格執行控制二分法，有時會影響現實生活。

控制二分法適合現代嗎？

　　起初我看到安德魯的小人圖時，覺得斯多葛學派的控制二分法似乎太過簡單，不像可行的工具。現代人被資訊和選擇淹沒，網路資訊來得迅速猛烈；四周充斥著危機、資訊、混亂，

（透過全年無休的媒體）我們會覺得每件事，都發生在**我們身上**。兩千年前，愛比克泰德在《手冊》中提出的控制二分法，能否屹立於歷史的這段非常時期？

我在會議室中將這些疑問和其他問題，丟回給安德魯。

》**我們能控制他人對我們的行為嗎？**

不行，我們只能控制自己、我們的反應和我們對待他人的方式。

》**我們能改變我們所愛的人嗎？**

不行，但我們可以改變自己對他們的反應，或對待他們的方式。

（舉個例子，愛比克泰德曾說，人應該關注的，是自己面對憤怒兄弟時的反應，而不是兄弟在生什麼氣。）

》**我們能改變可悲的個人處境嗎，比如在職場受欺負？**

我們可以改變自己的行為與反應。

》**我們在育兒方面，肯定有更大的控制權吧？**

我們可以盡力做好父母的角色，但最終我們無法控制孩子的行為、他們的發展或他們長大後會成為什麼樣的人。

》我們能改變周遭那些對我們懷有惡意的人嗎？

不行，我們僅能控制自己的品性，而非他人的品格。

》社會的變革呢？

我們可以藉由推動系統性或政治變革來產生影響，但作為個體，我們無法直接控制大規模的系統性改變。

》像戰爭這樣的大事呢？

身為住在遠方他鄉的人，我們無法改變世界各地發生的爭戰，但可以控制自己生活的和平程度。我們能改變自己的生活方式，但無法改變身邊人的生活方式，只能盡力勸說他們秉持良善。

於是我們反覆討論⋯⋯

這是實話，我們能想像到的每種情況，都可以應用控制二分法，只要使用斯多葛哲學原則，必能得出答案，無一例外，即便那不是我們想要的回答，即便答案並不完美。

● 職場上的控制

我在研習斯多葛哲學的過程中，發現有些情景，很難運用控制二分法，因為我覺得自己應該有權獲得特定的結果。遇到那種情況時，我很難接受自己的控制權少於自己的預期。

　　2020年冬天，我和安德魯在邦迪路吃早午餐。我心情很差，因為加薪要求剛被拒絕，雖然我寫了一封文情並茂的信給老闆，說服他應該幫我加薪。

　　被拒一事弄得我心情大亂，不僅早午餐吃得索然無味，自我觀感也受到打擊。我認為加薪不成，一定是自己不受公司器重。我已經被這件事糾纏四十八個小時了，而且心情越來越爛。也許我應該辭職！跟他們表態！雖然沒有薪水可領，但總比現在的狀況好！

　　安德魯像醫生治病似地，用斯多葛主義解決我的問題。

　　「不值得為這種事煩心，加薪又不是你能控制的。」他拿斯多葛學派的第一條原則提醒我說，我能夠控制的是盡力完善工作，好讓我的編輯知道，他應該幫我加薪（我的行動）。

　　我只要盡力就可以了——那是我能做的一切。

　　運用斯多葛原則，我能控制自己的工作方式，但不能決定能否被加薪。安德魯建議說，如果我把幸福寄託在自己能夠把握的事物上，像是做好自己分內的工作，那麼無論是否因此獲得豐厚的回報，我都會覺得幸福平靜。還有，如果我能竭力表現，加薪的可能性會更大。這不是我想聽到的建議；畢竟我需要額外的薪資，也希望藉由報酬來得到認可。但這項建議非常符合斯多葛哲學的理念，讓人保持清醒，把力氣用在能控制的領域上。我當然無法完全控制老闆是否幫我加薪（例如，公司說不定有我不知情的重大財務問題），但我可以在工作上盡力表現，藉此說服他（這是我能控制的）。我還可以試著找另一

份工作作為籌碼，或聯繫工會。然而即使這些方法全用上了，加薪一事還是不由我控制——而是操之在他人手裡。

愛比克泰德以音樂家在舞台上表演為例。音樂家可以控制演出水準，但無法掌控觀眾的反應。「以豎琴手為例：他私下獨奏時會很放鬆，但讓他站到觀眾面前，情況就不同了，無論他的樂音多麼美妙，演奏多麼出色。為什麼？因為他不僅希望彈得好，也希望獲得好評——而後者並不是他能控制的。」

這是另一種「你只能盡人事，然後知天命」的表述。弓箭手如此，音樂家如此，而我的加薪，更是如此。

「撿回來！」寵物控制

控制二分法也可運用到寵物身上。當你挑中一隻新的小狗時，對狗狗的行為會產生美好的遐想。你可以訓練小狗做出一定的行為，自己當一名好鏟屎官，但總有些狗狗無論你怎麼訓練，一緊張就會大便在地毯上，或在小時候咬壞你所有的鞋子，或有人玩滑板經過時狂吠一番，或沒帶牠們散步就變得異常狂躁。你可以訓練狗，卻無法完全掌控狗的行為，因為那不在你的控制範圍。

如何應付不可控？

新冠疫情的封城，是我們無法掌控的最佳事例。

我們如何對付無法控制的狀況？大多數情況下，我們都應付得很糟糕！當人們對環境的控制突然受異常的外力影響時——如新的法規、監控，以及在沒有疫苗保護下，可能感染致命病毒——酗酒、家暴和心理疾病的比例便隨之飆升。

自2020年3月以來，我發現在失控的疫情中，大家有種集體的憤怒、無助和絕望的情緒。這種情緒充斥在社群媒體上；體現在網路及公共場合，人們野蠻與不文明的互動裡；出現在我和朋友的談話中。

封城措施如此嚴厲、突如其來、雷厲風行、重創財務（對關閉的商家，以及因違法而受罰的個人），而且許多規定顯得獨斷而不合理。雪梨和墨爾本較貧困的區域，有許多非英語系人士，面對更嚴苛的限制措施和街頭警力。幾乎人人都有種失控和自生自滅的感覺。新的現況一下子襲捲而至，陌生又極具衝擊，令人難以招架。

維護內心的平靜，是斯多葛學派的主要追求之一——盡量莫讓不可控的事物擾亂自己的平衡。

若將心思寄託在**不能由你掌握**的事物上，更可能會感到不安。如果想得而未必可得，就會產生衝突，造成緊張，因為你無法控制結果。萬一事情沒按照你的意思發展，你很可能感到懊惱或失望。那份緊張造成了壓力，導致不快樂。控制二分法

讓你不為自己無力控制的事煩惱，藉此維持內心的平靜。

可是要怎樣才能不為控制範圍外的事煩憂？你只需用控制二分法加以區分，若事情不在你的控制範圍，就別再煩惱。我發現這件事說起來容易，做起來很難。（不僅是在肌腱炎或封城期間）。

層層規定及衛生法規下的控制二分法

2019年末至2020年，接著在2021年，我開始更有系統、更自動地運用控制二分法。在新冠疫情期間，控制二分法在我的生活裡，確實成了主要的決策工具。

2020年3月澳洲封鎖邊境，徹底打斷了我辛苦爭取來夢幻工作——旅遊作家。經過多年的自我推銷失敗、努力聯繫、賺取微薄的報酬、一邊磨練我的寫作技巧後，過去十年，我成了少數能以旅行寫作為生（一部分）的幸運兒。我終於有了突破，可以享有付費的環遊世界，撰寫關於異國風情的種種，還經常入住豪華旅館。這**確實是**世上最棒的工作！我打算在2020年前往伊朗、歐洲、美國和黎巴嫩。其實我根本不必糾結這些沒去成的旅程，以及失去的旅行作家事業（我當時真的不知道以後還能不能復職？）。疫情當前，旅遊實在太不安全了，更有甚者，我完全不被允許去旅行。幾乎整整兩年的時間，想離開澳洲，都得經過層層關卡和繁瑣的手續，即使我能出得了國，回國也是千難萬難，而且還得自付為期兩週的飯店隔離費

用（澳洲立法人士在制定這些規定時，也許不自覺地採用了古羅馬立法者西塞羅〔Cicero〕的一句斯多葛名言：「人民的安全，是最高的法律。」）。

控制二分法對思考旅行作家的工作很實用，我能控制邊境嗎？不能。能控制全球旅遊業的崩解嗎？不能。我幫忙撰稿的刊物撤掉旅遊版面，各雜誌因招不到遊輪廣告而停刊，這些我能夠控制嗎？不能。所以我不必多想，擾亂自己的心思。我只是埋頭繼續前進，撰寫其他議題。

後來各州間的邊界也封鎖了，這其實更叫人頭疼，因為難以預料封鎖程度。各種邊界，在各種夾纏不清的州和地區之間，依據病例數量、病毒傳播程度、疫苗接種率和新的變種，時開時封。州界的封鎖可能來得極快，而且一旦關閉，就幾乎不可能跨州了。喪葬、預約的手術、臨終的親人、房產銷售等，在這個**前所未有**的時代裡，一切都無法保證能豁免。

我經常到雪梨工作，但我住在維多利亞省，飛雪梨要一個鐘頭。我已經數不清自己有多少回被困在某處了，邊境突然關閉，意味著我無法回家，或無法到雪梨工作。我當初是怎麼想的？幹嘛要把自己的生活搞成這種瘋狂模式？我為什麼不能像個正常人，待在同一個地方生活和工作就好了？原本有些多變，但依然可行的事，突然變得不可行了。我能改變邊境關閉嗎？不能。但我可以改變自己對這種不便的反應，理解除非多數人都已完成疫苗接種，否則一直會有封鎖邊境的問題。利用控制二分法後，我可以把工作基地設在雪梨，將維多利亞省的

房子出租給朋友，這樣就不必想方設法地越過邊界了。這能帶給我平靜。

我搬回雪梨長住的那個星期，這座城市便被封城了好幾個月。我沒料到會這樣，吃了一驚（封城前一天，我在大型購物中心裡，搭著電扶梯到下頭明亮的中間樓層，空氣異常寒冷，清冷的空氣懸著悠揚的音樂，賣場裡除了我和一名把寶寶掛在胸前的男人，瘋狂地在商場裡找尋賣咖啡膠囊的店舖之外，沒有其他客人……），但我無法控制封城及封城的時間點。封城期間不斷更新的規定和衛生規範，也不是我能控制的。一開始，我們可以在離家十公里的範圍內活動，警方會檢查身分證，我們不能去別人家拜訪，聚會人數不得超過十人，後來變成四人，然後是兩人，最後變成一個人。我無法控制那些規定。與另一人會面時，必須是為了運動（在這段超現實時期，為了對抗這種缺乏控制的感覺，邦迪海灘變成了一個巨大的祕密酒吧，街上的外賣小店前，排滿了賣瑪格麗特的小販，他們在咖啡外帶杯裡裝烈酒，賣給假裝運動的人，人們舉杯啜飲，在那些奇異而格外溫暖的冬夜裡，悄悄地喝到酩酊大醉）。

那段期間，我能控制的是享受公寓方圓十公里的範圍，並繼續在家工作。我無法控制十公里何時會縮成五公里（五公里的盡頭，是南邦迪沙灘，游泳會違法），我能拿這怎麼辦？

什麼都不能，我無法控制政府的衛生規定。但我能控制的是，在五公里內找到美麗的景點，並好好享受。

戶外規定戴口罩也一樣。我不愛戴口罩，覺得不舒服，但

我能控制我的品性，為了社區中其他人的安全，我願意接受，這表示我有良好的品格。

我在這段期間讀到馬可‧奧理略的這句話時，忍不住笑了。這句話寫於兩千年前——但馬可‧奧理略有可能在2021年寫下同樣的句子：「現實直勾勾地盯著你，沒有哪個角色比你現在扮演的角色，更適合學哲學了。」2020年和2021年間，我瘋狂地運用控制二分法，每天用上十幾回，努力應付新的規定、可能會收到的罰款，以及對行動受限的不滿。我做著深呼吸，控制二分法本身令我平靜。現在我在徹底陌生的情境下，有了能夠分辨可控及不可控事物的機制了。這段期間，直接對我們物質、實質和情感生活造成影響的法律，幾乎可說是朝令夕改。運用控制二分法後，下一步便是接受快速的變化與現實——否則我無法找到所需的平靜。

以控制二分法應付變化

遵循控制二分法的好處之一，就是獲得平靜。如果你無法控制某件事，那麼擔心或生氣都是多餘，徒費力氣罷了。你應該把精力放在充分利用自己能控制的事物。

現代斯多葛哲學家威廉‧歐文在他的著作《斯多葛挑戰》（William Irvine, *The Stoic Challenge*）中寫道：「當能選擇的項目有限時，糾結與焦慮是很不智的。我們反而應該挑選其中最好的選項，繼續生活，否則就是對時間精力的浪費。」

　　我在封鎖期間和同事蜜雪兒聊過，她對疫情帶來的變化適應得相當吃力，每個人不都是這樣的嘛？

　　三十三歲，來自英國的蜜雪兒獨居在雪梨，從事市場行銷工作。疫情之前，蜜雪兒的生活十分精彩，跟約會APP上認識的男士約會，每週與同事們喝酒，玩團隊運動，週末跑去旅行、上餐廳。生活有滋有味。

　　可是雪梨實施居家令後，蜜雪兒崩潰了。她發現自己精心安排的定期社交和團體活動，全都喊停了，卻沒有任何事物可以填補這個空缺。

　　她那間離市中心極近的明亮小公寓，突然感覺像是牢房了，她一天二十四小時被困在裡面，每天只能有一小時與朋友散步的時間。

　　蜜雪兒很快對自己的處境感到沮喪，她覺得自己孤單得要命。孤獨感很快地呼應了現實情形。她不再去散步，沮喪到沒心情跟家鄉友人視訊通話。她開始在工作上抨擊老闆（透過Zoom），或許還下意識地埋怨這份工作害她待在這個沒朋友、封城了的國家。

　　幾個月後，封鎖解除了，但蜜雪兒的苦難還沒有結束。如今她對澳洲抱持負面觀點，認定此地與她相剋，因為她在封城時，是如此孤獨無依。她的職場關係變得一塌糊塗，因為她亂發脾氣，對工作團隊態度極差。不久蜜雪兒便離開澳洲了——她堅信這整個經歷就是一場災難。

　　其實蜜雪兒沒有必要那樣，如果她懂得運用控制二分法，

應可將疫情期間的獨居，變成一場更有收穫的時光。第一步是先承認現實的改變，然後努力適應，不要排斥改變或現有的環境，而且別老是懷念過去，要接受無常是生活的一部分，即使是我們未必喜歡的改變。

馬可・奧理略寫道：「宇宙即變化，我們的生活取決於我們的思維。」

蜜雪兒對此事的反應可能是：「接受改變說起來好聽，但我其實更喜歡以前的生活，一切按照適合我的方式去安排，而且我很努力創造自己喜歡的生活。為什麼生活裡，我所喜歡的美好事物不見了，我還應該覺得沒關係？」

斯多葛學派可能會回道：也許你不滿意新的環境，但這種改變不是你能掌控的，**你只能把握自己面對改變的反應**。古時的斯多葛學派必須應付各種突發狀況，且往往是劇烈而討厭的變化，例如被權高位重、翻臉如翻書的敵人，放逐到陌生或嚴酷的荒地（從許多層面來看，居家令就像是流放，只是方向相反）。

蜜雪兒無法控制疫情，控制居家令，控制政府對活動的限制。她無法控制商店、酒吧、咖啡館和餐廳是否開放，很多事情都不在她的可控範圍內。但她能調整自己對這些規定的反應，可以安排散步的時間、打電話、與朋友建立社交圈，可以控制飲酒、睡眠時長（在一定程度上），可以控制自己的運動方式。

這很不容易，硬逼自己起床散步，或許一點都不好玩。但

透過理性思考，蜜雪兒應該會明白，緊繃時每天做運動的好處，大過於賴床（或如同馬可・奧理略所說——又是另一條適用2021年的智慧之言：「黎明時，當你捨不得起床，告訴自己：做為一個人，我得去工作。如果我得去做生來就要做的事，那有什麼可抱怨的？我來到世上的目的，不就是做這些嗎？難道賴在被子底下取暖，才是我出生的目的？」哈哈哈……）。

如何做好面對改變的心理準備？

釐清我們在某個情境下，可控與不可控的事項。

請記住：我們能完全掌控的只有三件事，那就是我們的品格、我們的反應和行為，以及對待他人的方式。

如果我們無法控制某件事，便必須接受它：我問一位導師般的資深記者，如何應付新聞編輯室的變化，他告訴我說，我們應該學蘆葦「能屈能伸」。也就是說，腳踏實地，但保持靈活。

或許我們能掌控情境中的某些因素，例如我在封城期間如何運用時間。拿著日記本坐下來，理性地思索澄清一些事，審視自己的處境。分辨可控與不可控的事項。需要的話，畫一張圖表。下一步便是：充分利用可控之事，並接受不可控的事物。

放下排斥之心，接納現實，莫再糾結，這樣便不會再

去抗拒了。

　　也許你會覺得說比做容易，但斯多葛學派意識到人類恐懼改變、抵制困厄，也了解我們需要藉什麼來度過變化與動盪期，甚至在困境中茁壯成長。

躺平或進取？

　　疫情期間，熱衷於斯多葛主義的播客主持人及作家堤姆・費理斯（Tim Ferriss）與萊恩・霍樂迪（Ryan Holiday），概括了一種稱為「進取時間」或「躺平時間」的概念（alive time or dead time，這是霍樂迪跟作家羅伯特・格林，Robert Greene 借來的概念，後者在霍樂迪的節目裡談過）。也就是說，無論是三週還是墨爾本的兩百六十七天居家令，都能以其中一種方式來利用：一種是躺平，因恐慌而什麼都做不了，大部分時間都在從事被動式的活動，比如看Netflix、吸大麻或在社群媒體上洩憤。或可以積極進取地：利用這段時間自我成長，充實有效地使用時間。

　　在雪梨長達一百〇七天的封城期間，我兩者都經歷過一些。一開始是躺平時間：對病毒恐慌不已，輾轉難眠，在家灌酒，成天看著**數字**操心，每晚輪番看三個不同的新聞台，我在凌晨四點驚醒，到網上瘋狂瀏覽負面消息，日復一日，在每個漆黑的居家清晨裡。

這樣過了兩三週後，我意識到這次封鎖可能會持續很長的時間（事實證明果然沒錯），我若是不想在封城結束時變成酒鬼、網路酸民和憤青，那麼最好改變自己的狀態。

我思忖著有什麼是自己一直嚷著要做，卻總推拖沒有時間去做的事。有三件事在我腦中浮現，全都處於不同的生活領域，也都在衛生令許可的範圍中，而且全是我能控制的。

第一件是提升自己的網球球技。第二是寫另一部小說。第三是學開車。

練網球我可以，而且符合規定。所以我找了位教練幫我糾正，小時候在1980年代養成的不良技巧。我每週在住家附近的球場和教練碰一次面，由於不再外出上館子和酒吧，所以我能負擔得起課程。技能精進，信心大增後，我開始安排以球會友（這也是允許的），如此一舉多得：我運動到了，有社交生活，而且球技大進。

我也把小說寫完了。我試著每天早上寫一個小時，有些早晨寫得比其他天更順。解封時，我已經寫了五萬多字了，就初稿而言，算是相當不錯的開始。我對寫小說有個體悟——相信古時遭流放的斯多葛人士也會同意——那就是，無論外在環境如何，都束縛不了你的想像力。你的奇思異想，不會受五公里範圍的限制。沒有人監管你在家裡想些什麼，寫些什麼。寫作雖然辛苦，但我發現早晨寫小說的這些時光愉快極了。雖說在其餘日常中，處處能感受到現實的存在（鄰近到處都是警員，給在噴泉邊坐下吃烤肉串的人罰款等等），可是當我坐下來，

面對空白的紙張和筆時，我的思想和靈魂便能自由地前往任何我想去的地方。每天寫作一個小時，是我一天中最活力四射的時候。

第三件事，學開車，也令人蛻變。我都四十多歲了，每次拜訪父母，還得仰賴他們到車站接我，實在有夠丟臉！我花了一堆錢坐Uber！我推拖多年不肯去上駕訓班，因為身為旅遊作家，我從來無法在一處久待，完整地上完課程或好好練習。如今邊境封鎖，我被困在一處，不許四處旅行，這表示我有足夠的時間去上駕訓班了。「路上的障礙成了路途本身，永遠莫忘，每個阻礙都有改善現況的契機。」萊恩・霍樂迪如是說（他在作品《障礙即道路》〔The Obstacle is the Way〕中闡述這個概念）。或者如馬可・奧理略所言：「頭腦會適應我們行動中的障礙，並將之轉化成我們的目標，行動時的阻礙，推動了行動。擋在路途中的屏障，成為了路途本身。」

就我的情況而言，障礙（邊界封閉）成了途徑（學開車的時間）。在運用躺平或進取時間的觀念時，我發現疫情中一些最負面的事，反而激發出這些積極的作為。

說服的藝術

我剛開始探索控制二分法時，並未想到品格、對待他人的方式和自己的行為反應，能涵蓋如此廣泛。我們的影響範圍真的那麼小嗎？那麼說服呢？你可以試著說服別人接受你的觀點

嗎？

　　你可以試圖說服他人，就像我寫電子郵件給老闆要求加薪一樣。說服是一門很重要的修辭藝術，就是想方設法地去勸說，或提出令人信服的論點。在古時，這是連同哲學一起傳授的。然而勸說的最終結果，也不是你能控制的。畢竟，你無法控制別人的思維想法。在評估自己對結果的影響力時，最好使用控制二分法。

　　我把控制二分法應用到生活中後，逐漸明白這是一種實用、高效率和從容的技巧，讓我區分出自己應該和不該擔心的事物，以及自己能夠改變和心餘力絀之處。我會把問題寫下來，例如申請我很想租下的房子，然後套用控制二分法。

　　沒拿到——我沒辦法控制自己能否成功地租到我想要的公寓。好吧，沒事，知道就好了。

　　愛比克泰德說：「我們應時時自問：『這是我能夠或不能夠控制的？』。」

　　當我沒能拿下那間公寓時，我不像以前那樣心煩了，因為我已評估過，這個情況超出我的控制範圍，並用負面想像預演過被拒的狀態。

　　現在每當我感到煩躁、惱怒、麻煩、有欲望、需求、渴望、尋求目標或心亂時，便試著運用愛比克泰德的原則。事情未必總是那麼容易，我必須刻意地使用控制二分法。有時這樣做會覺得很累，但趁早釐清可控與不可控之事，能省去經歷期間的許多煩惱。

　　我試著每天回顧二分法數回，這讓我心裡有底而感到平靜，無論遇到什麼情況，我都有個可供諮詢的準則。這是我能控制的嗎？沒能申請到我要的公寓，也許令我不快，進而破壞心中的平靜。祭出控制二分法吧，我沒法控制人家要不要把公寓租給我，卻能控制自己對此事的反應。我可以選擇保持冷靜，不予回應，或做出加劇負面情緒的反應。

重大事件

　　生活的重大事件，例如與某人相戀，也適用控制二分法。你無法掌控別人是否愛上你，是否想與你交往。同理，如果你的交往對象想跟你分手，控制二分法在學習放手與繼續前進上，也是很好的利器。當然了，分手總是不易。愛與失去不是簡單說斷就能斷的──我們在本章後段，會詳加討論這個問題，「如何斬斷煩惱」。

● 氣候

　　像氣候變遷或不平等這類的結構性問題，控制二分法能使我們釐清自己在其中可以做的事（比如減少飛行），以及哪些方面應由政府承擔責任，或投票給關注氣候議題的獨立候選人。當今政府能掌控政策，緩解一些最嚴重的社會問題，而民主程序能使我們參與其中，創建出我們想要居住的社會。

2019年底，大火使城市天空灰塵瀰漫，我參加了一場產品發布會，站在水岸邊的草坪上，品嘗新發表的粉紅酒時，我對髒污的空氣似乎無能為力。但相對於氣候崩壞，以下是我能控制的事項：

》與朋友專家交流——並依據好的建議和科學資訊採取行動

》參與社區和草根行動組織

》投票

》關心最新資訊

》以理性及合理性來判斷，避開假消息

》種樹

》撤除投資組合中，石化燃料的部分，包括退休金在內

》培養自己的可持續性習慣，例如減少飛行，使用大眾交通工具

把事做好

斯多葛學派的人不會坐視不管地說：「唉呀，反正又不是我能控制的，沒必要試了吧。」你反而應該盡力把一切做到最好（這確實是你能控制的），同時又明白結果不是自己所能掌控。如此一來，你會將心思集中在盡善盡美，而非擔憂結果的成敗。

　　若能善加利用，控制二分法將改變你投注精力的方式，和關注的重點。你應該把精力集中在方程式的第一部分：**把事情做好**。別把任何精力或煩憂放在無法控制的事物上，比如**事情的結果或他人對你的反應**，因為那是徒費力氣，最終只會擾亂你的心情。

　　區分出可控與不可控之事，使我精神大振。我不再（或試著停止）為無法施力的事項擔心，因而保持清醒，不受迷惑，也能看清事物的本質。擺脫不切實際，自以為能控制的幻想後，我重拾了大部分的精力和平靜，生活不如意時，也不再那麼挫折了。

可控的準備工作

　　對我這種不善組織的人來說，控制二分法起到改變人生的作用，讓我看清可與不可改變的事。它還幫助我做更好的準備，因為準備工作，是我自己能夠控制的。準備工作能帶來更好的結果——無論是更順利地抵達機場（在前一晚將行李打包好），或與老闆開一場更棒的會議（準備筆記和討論重點）。我看過我的合作夥伴班傑明・羅（Benjamin Law），在進行棘手的（電話）會議之前，會先寫下討論的內容概要，以便掌握要點，不被交談對象把話題帶偏，並達成會議的明確目標。無法控制結果，不表示不該做準備。

　　做好了準備，也未必總能避開不幸。我還是會搞丟筆電、

電腦裡的重要工作、手機、鑰匙和日記本——然而一旦失去某樣東西，我會盡力找回來，若是找不回來，我就會放下，然後繼續前進。

如何……

應付災難

「如果他因疾病或戰爭而失去一隻手，或因意外導致一隻眼或雙眼失明，他將對身體還健在的部分感到滿意，並盡可能善用自己殘缺的身體，如同以往健全時一樣。他雖不為缺失的部分苦惱，但還是寧可不曾失去。」

——塞內卡

「如果你想有所提升，請拒絕以下藉口：『如果我不做，就沒有收入；如果我不糾正我的僕人，他就會變壞。』因為寧願餓死，免除了痛苦和恐懼，也不要過著心神不寧的富有生活；寧可僕人不聽話，也好過自己不快樂。」

——愛比克泰德

　　從2020年3月中旬，所有辦公室都關閉，讓員工回家後，安德魯和我開始走到戶外，進行我們的斯多葛哲學討論。這是個很棒的機緣，我們倆剛巧搬到了塔瑪拉馬海濱郊區的同個街區。我走到我家街尾，拐個彎，沿著雜草叢生的溝壑，步下一道階梯，經過色彩繽紛的火樹，跟安德魯在他家門口的台階上會合。然後一起走下海灘，或往左，或往右行，端視懸崖的哪一邊日照較強。有時我們會停下來喝杯咖啡或吃點東西，如果天氣不錯，我們還會游個泳。

　　散步時很適合討論斯多葛主義。我們可以來回交換意見，辯論的節奏也形成一種流動的韻律。我們並肩而行，討論遇到的問題，以及如何以斯多葛原則去解決。或者我們會彼此爭論，但又不會像坐在對桌那樣，因話不投機而彼此怒瞪，劍拔弩張。邊走邊探討生死、疾病或失業的問題，似乎更加容易，因為我們可以看向前方藍色的地平線。

　　在一次次的散步中，我們形成一種動態模式，我扮演懷疑論者，安德魯則負責直言不諱，魯基里烏斯對上塞內卡。我對我們探討的每個新原則，都會提出質疑與提問。安德魯的天性比我更接近斯多葛學派，他會為這些原則辯護，強調其對現實生活的用處。我會反駁某些觀點，並對其他觀點抱持開放的態度。每次討論結束後，我會再多讀點書，看能不能成功地把這些理論應用到自己的生活裡。

　　安德魯和我或巧合，或下意識地模仿了羅馬斯多葛學派眼中理想的學習哲學方式——透過對話與友誼來學習。現代哲學

家瑪莎・諾斯鮑在《欲望療法》（Martha Nussbaum, *The Therapy of Desire*）中寫道：「哲學的互動典範，是彼此熟知對方的性格和處境，而不必訴諸言語。」

塞內卡在《道德書簡》中對魯西里烏斯寫道，對談比寫作「更有用」，甚至勝過「親密的書信」，因為對話會「逐漸滲入靈魂裡」。

跟私人的對話相比，「事前準備的大眾演說，雖然更擲地有聲，卻親密感不足。哲學是很好的實用建議；沒有人會扯著嗓門給建議。」

然而我們的散步對話，不僅是被動式的斯多葛療癒用法，也不單是「很好的實用建議」；它更是兩個在性格、知識技能及人生處境上相異的人士，對斯多葛主義的交相詰問。這些對談的目的之一，不僅是探究斯多葛原則是否能用於個人生活，更意圖將該哲學引入 2020 年代，仔細檢視其能否適用於現代。例如，斯多葛學派不太適合做交叉性議題方面的討論，也不符合當前與身心障礙、健康，或結構性不平等議題的規範與討論。我們兩個都看不出來，要如何完美地把控制二分法，跟爭取社會正義及社會變革的行動結合起來。

這種與現代脫節的狀況，在該學派「**無動於衷**」[15]的主張上，尤為明顯。斯多葛學派認為品格、美德和理性思維，才是你應該竭力培養和保護的東西，而身體出狀況，或突然一無所有，則是可以無動於衷的事（也就是說，擁有健康財富固然不錯，但最終還是應該可有可無）。

不過首先來談一談，何謂無動於衷的原則？

斯多葛學派將一系列事物，包括財富、健康和聲譽，歸類為「無動於衷」的事項，意即擁有它們固然不錯，但應對其保持可有可無的態度，也就是說，莫要執著，或因為失去它們感到崩潰。

你的品格才是最重要的。你的行為是好是壞？是否培養了斯多葛學派所說的「美德」：公正、節制、智慧和勇氣？你是否從容放鬆？內心平靜？可有善待他人？能否控制自己的憤怒？這些事遠比累積聲譽和財富更重要，甚至比你的健康更珍貴。

對於斯多葛學派來說，把財富當成美德是錯的，因為你可能把金錢花在邪門歪道上，如購買大量毒品或致命的武器，或購買對環境有害的產品。但金錢本身並不邪惡，你可以善用它，例如捐贈慈善機構，或為他人創造就業機會。由於金錢的使用方式因人而異，斯多葛哲學家將其標示為可以「無動於衷」的東西。也就是說，你不該在乎是否擁有金錢，這點與犬儒主義哲學家第歐根尼（Diogenes，約西元前404年）不同，他認為財富會敗壞其擁有者，所以是一種負面因素——我們稍

---

15 **無動於衷**：preferred indifferents，斯多葛學派認為事物本身沒有任何內在價值，是我們的感官賦與其不同的品質，因此要對事物抱持無好壞的態度。

後會再詳談第歐根尼。

　　早期的斯多葛學派發現，無動於衷有程度上的差異。希望能有充足的食物、住在溫暖舒適的房屋、有社交並成為群體的一環，這是很自然的事。因此，你會傾向於享有達成上述事項的財富，而非負擔不起。這類事物演變成各種程度的無動於衷，範圍擴及生活、健康、快樂、美麗、力量、財富、良好的聲譽和高貴的出身等事項。

　　只要這些事項不會妨礙美德的追求，擁有一些美好的東西亦無妨。事實上，有些羅馬的斯多葛哲學家，如塞內卡和馬可・奧理略，都家財萬貫（許多矽谷的斯多葛學現代信奉者，也非常富有）。因此，有錢無罪，只是在失去財富時，要保持**平常心**（或無動於衷）。

　　無動於衷的事項（那些你沒有很想要，但應該對其保持淡漠態度的事物）包括死亡、疾病、痛苦、醜陋、脆弱、貧窮、沒沒無聞和卑賤的出身。

　　關鍵在於「無動於衷」四個字。馬可・奧理略在《沉思錄》中說，我們應該對「可有可無的事保持無動於衷」。所以，我們雖然歡迎財富、名聲、健康和美好的家園，但對其得與失，應保持淡漠。也就是說，得之不喜，失之不悲。

　　培養無動於衷的態度很重要：因為這些事物（健康、財富和聲譽）都超乎你的控制範圍。就算你沒有犯任何錯，或採取任何行動，也可能失去名聲，然後失去工作、金錢、房屋，甚至失去婚姻。隨著年紀漸長，你肯定會人老色衰。你若活得夠

久，說不定會喪失活動力、認知能力和其他健康因素。

為了避免失去這些事項時，造成太大的痛苦（損失可能突如其來，而且隨著年齡增長，損失的事項似乎會不斷積累），最好一開始就對它們無動於衷。這是一種建立內心韌性和力量的方式，以應付說來就來的危機。

對斯多葛學派而言，這種漠不關心自然也延伸到生死問題，因為你無法控制自己的死期，事實上，生命中唯一能夠確定的，就是你遲早會死。

第歐根尼

為了解釋斯多葛學派人士，為何覺得失去這些身外之物，**一點都不重要**，我得先跟各位介紹古代最有意思的一號人物：第歐根尼。

這位仁兄出生於西元前404年左右，今天的土耳其地區，是創立犬儒學派的哲學家。就像「斯多葛主義」一詞逐漸受到曲解變義一樣，犬儒哲學亦是如此。犬儒學派跟現代人在使用「犬儒」一詞時，所暗示「不信任和固執」的意思不同；犬儒學派其實是抱持懷疑、極端反傳統，並讓生活盡可能貼近自然的一種學派。因此，犬儒派非常不重視物質，也非常特立獨行。

第歐根尼是最著名的犬儒哲學家，由於其行徑大膽離奇，至今仍廣受討論。他基本上不在乎別人的看法。

　　關於第歐根尼的一些主要事蹟，包括他住在木桶裡（可能是一個舊酒桶），在公共場合自慰，總是離經叛道。

　　作為一名極端的苦修者，第歐根尼的畢生目標，就是挑戰既有的習俗和價值觀。他認為我們過於受習俗和文化的約束，而不去探究事物真實的本質。第歐根尼在大白天的雅典市場上，拎著一盞燈籠四處遊蕩，說是要尋找一個誠實的人。他參加公眾演說，卻帶著食物和飲酒去分散其他聽眾的注意力。

　　當他看到一名農家小孩在溪邊用手舀水喝時，第歐根尼便扔掉自己的杯子，欽佩地說：「我真蠢，這麼久以來，一直背著多餘的包袱！」

　　第歐根尼的簡樸價值觀和身無長物，旨在為我們展示，追求對不必要或無意義的身外之物，是在浪費生命。力行其哲學的第歐根尼，證實了人要過得幸福，需要的不是物質──他連杯子都可以不要。如果你什麼都沒有，也沒有任何欲求，便等於奪回自己的力量，因為你不會試圖從他人身上獲得任何東西。你完全仰賴自己，不再有災厄，因為任何外在問題，例如你的房子受損，對你來說都不算災難。

　　斯多葛學派在某些觀念上贊同第歐根尼和犬儒學派，但在金錢方面則有歧異。犬儒學派拒絕常規和一切他們認為非基本、非自然的東西，而斯多葛學派的自然觀，則擴大到包含人類創造的事物，例如法律、制度和經濟。

別受二度傷害

　　為什麼我們應該把社會高度重視的事項，視為無關緊要？部分原因是為了減少痛苦。（我們在〈如何分辨重要事物〉一章中看到，不去擔憂自己不可控的的事物後，在環境改變時，便不會那麼痛苦）。採取「無動於衷」的概念，能形成一種保護機制。斯多葛學派經常提到別讓自己受到二度傷害。以失業為例，第一次傷害是失業本身（即失業、無薪，以及失去工作所帶來的聲望），但二度傷害則是對失業的不滿和失去平靜。有時因為失去而自我折磨所造成的二度傷害，比第一次傷害更難以克服。二度自我傷害的典型副產品是悲傷、憂鬱、憤怒或渴望報復。也許你很生老闆的氣，對在職的同事心有不甘，對配偶不滿，因為對方開始擔心錢的事，催著你接受任何能找到的工作。這些連鎖效應都是第一次傷害（失業）引發的二度傷害。這種通常只會進一步傷害你的二度損失，其實完全可以避免。正如聖奧古斯丁說的：「怨恨好比喝下毒藥後，等待對方死去。」

　　如果你對失去之物無動於衷，對損失的感受便不會那麼強烈，也不會有後續的問題了。失業和失去工作收入雖然令人難過，但你會盡力讓自己釋懷，在挫折面前努力保持平常心，這樣就能更快速地從挫折中站起來了。

無動於衷在理論上是說得通的。我承認，我在與安德魯反覆辯論的過程中，能理解把健康和財富視為無關緊要事項的邏輯，畢竟這兩者都是飄忽不定的。「你在過馬路時說不定會被公車撞到！」我們在過馬路時，我不斷地這樣說。無論我們自認有多少控制權，對這些事無動於衷，能確保我們出事時，不會那麼痛苦。

　　但我也在想，即使做了全世界最萬全的準備，人類真的能對苦難無動於衷嗎？我們真的能自練神功，預料最壞的情況，然後在發生最壞狀況時，**超然淡定嗎**？渴望美好的事物，如美好的家、受同行尊重，或珍惜健康的身體，並在失去這些事項時感到心碎，難道不是很自然的嗎？

想像最壞的狀況

　　我散步回家後（小心翼翼地沒讓經過的車子撞到），做了點負面想像的練習，想像自己失去所有錢財，房子被銀行收回，名譽遭到抹黑，被社群媒體拉黑，被告上法庭，失去《衛報》的專欄，說好的電視節目一直沒開錄，家人生病，自己確診惡疾。我想像自己在塔瑪拉馬的房子，被嬉皮室友留在門廳裡悶燒的鼠尾草給燒毀了，想像本人的筆電毀於祝融，害我來不及備份在雲端的工作，全部付之一炬。老實說：這個練習太

令人喪志了。

　　我無法想像自己能心平氣和地面對上述**任何一種情況**。我能夠想像的是，萬一我失去金錢和聲譽，我可能會變得滿腹牢騷、忿忿不平，誓言報復那些弄垮我的人。或者我會埋頭拚命工作，承擔高風險計畫，策畫並夢想著贏回一切，重振聲名與尊嚴──不達目的，絕不罷休。

　　這是人性跟當代價值觀結合的結果（金錢、地位、品牌等等）。媒體天天報導人們投注大量時間和資本，去保護生活中可有可無的事。人們為了恢復自己的聲譽，與人纏訟多年，或為了擁有奢華的生活，而犯下高風險的金融犯罪。他們為了無關緊要的事而賭上自己的一切。

　　至於健康，如果我病了，也許我會發誓非醫好為止，或在病癒前不斷尋找醫治方式。也許我會對身體的局限感到沮喪，但斯多葛學派要我別那麼做。

　　又是一個陽光晴朗的冬日，又一場的漫步，這回我們往克洛弗利（Clovelly）的方向，越過一片俯瞰太平洋的公墓。**死亡**的涵義如此鮮明而具體，這裡就像由幻想中的斯多葛之神所設計的舞台，死者歸於塵土，棺木裡只剩下塵埃。大理石上刻著出生與死亡的日期，中間的破折號，便代表了死者的一生。

　　這些葬在山上的人，有多少曾自以為有不死之身？多少人

窮盡一生，追逐可有可無的事？又有多少人在破折號所代表的那些年歲裡，過著充實而饒富意義的生活？然而我們太容易隨波逐流了，在這陽光明媚的冬日裡，喝著外賣咖啡，穿梭於往生者之間，卻不願去多想：總有一天，我們每個人也都會埋入土裡（或者如你所選，總有一天你的骨灰，會撒落在那些懸崖之外）。

我會在散步前思忖自己想討論的事——也許是我當週遇到，想以斯多葛觀點去檢視的問題，或者是我讀到的，想進一步探討或聽聽安德魯意見的概念。但這一次，我渴望回到無動於衷的議題上。與安德魯在海濱散步時，我會把最糟糕的情況說給他聽。

兩人坐在懸崖邊，然後我說：「好吧，萬一有陣大風吹過來，把我颳到懸崖底下，摔斷我的脊椎呢？」

或者有一回，我的眼睛沾到防曬霜，一時間看不見，而且我偏離路徑，離水邊極近，還吹起狂風，於是我合理地問道：「那現在呢？假如我因為什麼都看不見，被吹下懸崖呢？」

或者：「你遭到誣告去坐牢，聲譽全毀。你能無所謂嗎？」

或是：「你做了一個糟糕的商業決策，被迫賣掉房子，搬回父母家。你能接受嗎？」

安德魯告訴我，他對失去被歸類為可有可無的事項沒有執念。「我以前住在倫敦合租屋的小房間裡，必要的話，搬回去住那個小房間也沒關係。」

　　他說自己從小就不知不覺地實踐無動於衷的原則了。他不會帶巧克力棒去學校，讓其他更強悍的孩子偷走，因為他從來沒有巧克力棒可以帶。他的理由是，寧可沒有，也勝過被偷後要忍氣吞聲。如今長大成人了，安德魯說，他讓自己享受廉價的葡萄酒，這樣就不會把自己養刁，非喝昂貴的美酒不可。他的理由是：養刁的味蕾如果沒有管道喝到昂貴的佳釀，很可能感到沮喪。

　　「你不用避開奢華的事物，但也不要養成習慣，把它們當成生活的獎勵，好好享受即可。」他告訴我說。

　　至於食物，「若是吃到珍饈美饌，就盡情享用，但要做好第二天回歸粗茶淡飯的準備。」

　　安德魯所提到的回歸粗茶淡飯，或享用一般的酒品，呼應了塞內卡《道德書簡》中，古斯多葛學派的技巧：那就是，藉由定期過清貧的日子，讓自己習慣更簡樸的不同生活。

「我會害怕這種情況嗎？」

　　塞內卡對朋友魯西里烏斯建議道：

找一段時間，安於過最清貧，最糲食粗衣的生活，同時間自己：「我會害怕這種情況嗎？」正是在歲月無憂之時，靈魂才更應未雨綢繆地事先鍛煉，以應付壓力更大的情境⋯⋯睡破床，穿粗衣，吃又硬又髒的麵

包。每次忍受三四天這樣的日子，有時更長，這樣才能考驗自己，而非僅當成一種嗜好。然後，親愛的魯西里烏斯，我向你保證，當你吃到像樣一點的食物時，一定會高興得跳起來，你會明白一個人內心的平靜，並非取決於財富；因為即使財神爺不理你，還是會給予我們足夠的所需。

堤姆・費理斯遵循塞內卡的建議。費理斯表示：「我會定期做斷食，每個月至少持續三天。從星期四晚餐開始到星期日早餐，好讓自己體驗真正的飢餓感。」

他認識的其他人則更進一步，費理斯有個朋友，一位「功成名就的總裁及作家」，每四個月便安排一週的時間，「在自家客廳裡露營，他睡睡袋，靠廉價的即溶咖啡和即溶燕麥粥生存（每個星期花費大概最多十五美元）。」

他這麼做是為了「能以此為滿足，在幾乎身無長物的情況下取得成功」。

這位總裁知道，萬一錯失一筆交易或蒙受損失，自己能更從容地應付結果，因為他已能克服更艱難的條件。

（雖然這些實驗是有限制的。出於自願的實驗，對貧困的體驗和斯多葛的實踐上是有差異的，上述的例子便是如此，因為實驗者知道困頓的結束日期，之後就會恢復舒適的生活方式了。）

費理斯說：「出乎意料的是，這種實驗結束後，人們的心

態往往變得更好，覺得比以前更知足而自在。」

　　我在幾年前做過一次嚴苛的斷食。當時我尚未踏上斯多葛之旅，但那次斷食確實讓我深刻體驗到塞內卡（以及堤姆・費理斯，還有安德魯）所說的剝奪感。

　　我連續兩週沒有進食，僅喝難以下嚥的中藥湯（想像一下煙蒂飄在混濁溪水裡的味道），然後在接下來的三個星期中，只吃少量的黃瓜和水煮雞肉。我之所以斷食，是在替一家雜誌撰寫斷食體驗，當時澳洲總理麥肯・滕博爾（Malcolm Turnbull）透過斷食減掉許多體重。

　　滕博爾不是唯一採取激進或限制性飲食的政治家。許多政治家，包括安東尼・艾班尼斯[16]、比爾・薛頓[17]、喬許・弗萊登伯格[18]，在選舉活動前都會減肥，向選民證實自己有領導國家的自律精神。他們可能是下意識地想展示斯多葛的「節制」美德。

　　我雖然不是國家領導，但以前從未節食過，我很好奇自己能否堅持貫徹這種嚴格的方案。我吃得很少，甩掉了十四公斤（我在後來的兩年裡又恢復原來的體重）。斷食期間我幾乎都

16　**安東尼・艾班尼斯**：Anthony Albanese，現任澳洲總理。

17　**比爾・薛頓**：Bill Shorten，澳洲工黨領袖。

18　**喬許・弗萊登伯格**：Josh Frydenberg，前澳洲國庫部長。

在睡覺，身體很虛，老做著如真似幻的噩夢，身體氣味欠佳，
渴望食物，無精打采，頭痛欲裂，心悸到令人恐慌。

　　但整段經歷，也是一種在極貧中求存的練習。

　　那次斷食後的幾個月裡，我跟食物的關係起了巨大的變
化。當我恢復進食時，才吃了一顆豆子和一小塊魚肉就飽了，
食物如此地美味，我覺得心滿意足，不再需要多吃。我想起以
前，每隔兩三個小時就得吃點心，每次跳過一頓飯，便無法集
中心神，脾氣暴躁！當時我的醫生說，他雖然不主張極端斷
食，但他覺得偶爾短期斷食一下也不錯，因為這使我們淺嘗到
（可以這麼說）靠少量食物生存的滋味。醫師告訴我：「我們
擁有太多了，但世界上有許多地方都很匱乏。」

　　就像練習斷食的斯多葛學派人士一樣，經過長時間的飢餓
和不適，使我自信地知道，必要的話，我能比想像中斷食更久。

　　堤姆・費理斯說：

　　我發現，在現實生活中實踐貧困，或演練最慘的狀
　　況，而不僅是紙上談兵的寫日記和在腦中想像，是非
　　常非常重要的。當然我也會承受巨大的壓力和痛苦，
　　好比冰浴和暴露於苦寒之中，都是為了培養自己的忍
　　受力，每個人都避不掉痛苦和擾亂，你越是有計畫地
　　安排練習不適，就越不容易被出其不意的災難打亂並
　　掌控你的人生。

穿奇裝異服──羞愧免疫法

　　另一種故意給自己找碴的鍛鍊形式，是小加圖（Cato，西元前95年）的一種怪誕行為。小加圖是一位極具實權的羅馬參議員，他在羅馬共和國的最後幾年，帶頭反對凱撒大帝。小加圖在年輕時學習斯多葛哲學，他會穿上顏色刺眼的長袍，赤腳四處亂逛。

　　根據普魯塔克的說法[19]：

當他（小加圖）看到過於紅豔的紫色非常流行時，自己便穿著暗色調的服裝出門。他常在早餐後打赤腳或沒穿長袍地走上街頭。他不是想藉怪異的行為博取名聲，而是讓自己習慣只為真正可恥的事情感到羞愧，不去在意別人對其他事物的蔑視。

　　這是小加圖訓練自己，對名聲地位無動於衷，只為真正可恥的事感到慚愧的方法。對斯多葛主義而言，唯一值得羞愧的是品德的缺失（小加圖認為品德至為重要，後來他以駭人的剖腹方式，結束掉自己的生命──因為他不願活在腐敗統治者的統治下）。

　　我用一件被我稱為「胖胖衣」的衣服，練習羞愧免疫法。

---

19 **普魯塔克**：Plutarch，羅馬時代的希臘作家，以《比較列傳》一書留名後世。

胖胖衣

胖胖衣（The Big Puffer）是一份禮物，既給我帶來樂趣，又讓我保暖。有一天我家小弟馬特跑到鄉下找我，時值寒冬，他帶了一件在慈善商店找到的短外套。

「這件外套有個問題，」老弟用最嚴肅的聲音說，「妳不能穿到外頭。」

「為什麼？外套的目的不就是這樣嗎？是給人出門穿的。」

我從袋子裡拿出外套，它幾乎是彈出來的。我明白小弟為什麼叫我別穿到公開場合了。這可不是一件普通的羽絨服。

那是一件像睡袋長了袖子的胖胖服。說它笨重簡直是輕描淡寫，它看起來像充了氣的救生筏，擺在廚房地板上，就占去了一大塊空間。

我穿上外套，姊弟倆笑得前仰後合。小弟在我胳膊上打了一拳，我一點感覺都沒有。

第二天早上，我沒聽小弟的話，穿著外套去農夫市集了。穿這件衣服很難走路，沒法擺動雙臂，手臂以四十五度角斜出我的身體懸著，由大量尼龍和鵝絨支撐。我慢慢穿越馬路，感覺自己天下無敵——萬一被車子撞了，厚重的外套似乎能保護我。

「我不敢相信妳竟會穿那件外套出門。」我回到家後，老弟嫌棄地說。我是穿了可笑的外套，但實際上，我

跟小加圖一樣，在「適應只為真正可恥的事感到羞愧」。

那天晚上非常寒冷，蝕骨的刺寒，我決定穿著胖胖衣去參加紀錄片影展。影展上有很多人也穿了羽絨服，但都是像UNIQLO那類流線型的扁平款，很是好看。

我在劇院遇到朋友時，他們立刻開始哈哈大笑，然後在我身體兩側拍拍打打地說：「這可是層層疊疊，防風防水的Gore-Tex啊！」這顯然是《歡樂單身派對》[20]影集裡的笑梗，喬治在其中一集穿了跟傑瑞相同的大羽絨服，結果被傑瑞和伊蓮娜嘲笑，還打他的胳膊。

電影結束後，人們拍下我穿胖胖服的照片，戲院老闆把我製成迷因，放在他們的臉書上，旁邊是喬治穿著大羽絨服的照片，上面寫道：「這可是Gore-Tex啊！」

我帶著這件胖胖服去土耳其南部。當時正是隆冬，大雪漫漫。我雖然暖和，但在大街上也沒少被嘲笑，人們拍著照，狗狗企圖撲倒我，不知怎地，這件胖胖衣使我在動物眼裡變得性感起來。我在雪裡冒汗，儘管氣溫零下十度。胖胖服跨越了文化、語言，甚至物種的障礙。它的體積龐大，但每次穿它，都能使氣氛變得輕鬆。

現在我穿上它時，不僅感到溫暖，也感到很「斯多葛」，我看上去或許像個傻子，但我覺得自己有點像小加圖。

20 **歡樂單身派對：**Seinfel，美國電視情境喜劇。

第一世界的問題

把這些練習（短期斷食、可笑的服裝）當成預防人生無常的疫苗或接種，會挺有幫助。畢竟稍微遇到困難、羞愧、尷尬或失敗就崩潰的人，並不多吧？還記得上次你少吃一頓飯、講冷笑話的尷尬局面、忘記對方姓名、被迫取消假期、沒有Wi-Fi可用、只剩即溶咖啡可以湊數、新毛衣鉤到線，或打算穿去派對的漂亮衣服還沒乾洗好，是什麼時候的事？所有這些第一世界的問題，所有這些小小的不痛快，都可能摧毀我們的平靜，甚至更糟地點燃怒火，進而對我們其他的生活面向產生連鎖反應。

但如果你習慣了小小的困難，例如斷食數日、赤腳行走、刻意受凍，或在公開場合出糗，那麼當你遇到真正的問題時，將會具備以下優勢：

》你已經有過一些困苦經驗了

》你知道自己應付得了

》你知道那不是世界末日──你的品格才是真正重要的事

健康──最難修的課

那麼我們的健康呢？對健康、行動能力、精力和活力無動於衷，一定更困難吧？

由於健康不是我們全然能控制的，也不是培養品德的必要

條件，因此斯多葛學派將之歸類於可有可無的事。斯多葛學派認為，只要我們的品德完好無損，身體的健康就變得次要了。我必須承認這是一個重要觀點，別忘了，愛比克泰德瘸了一條腿。我們的健康超出我們的意志範疇，我們生病時不就常希望能迅速康復，卻只能任其自行發展嗎？

斯多葛學派反而認為，把你所擁有的一切（包括你的健康）都當成是借來的，總有一天它們會被收回去，那麼在失去時，便不會驚訝、痛苦，而平靜的心也能波瀾不興。

我再次得到驗證斯多葛概念的機會。

我的健康遭受重創時，我的斯多葛之旅已進行數年，做生病或體弱的負面想像也有兩三年的時間了。然後付諸實踐的日子躲都躲不掉地降臨了。

2021年11月，我同意擔任真人秀節目的評審來賓後，在往返不同地點時，爬上一輛越野車，我在爬進車後方時一下用力過度，猛然撞到車頂，結果腦震盪。

「唉呀。」撞到車頂時，車廂裡每個人都喊了出來。

「沒事，沒事，我沒問題。」我說。我拿塑膠袋裝冰塊敷在頭上，冰水滴在我臉上，看起來彷彿怪誕的淚水。半個小時後，我以為自己沒事了，便如常地活動。

當晚返回雪梨後，我開始覺得不舒服了。我在烏娜餐廳切著一塊餐墊大的炸肉排時，忽然想吐。我的頭很不對勁，必須立刻回家。

第二天我頭暈眼花，動作遲緩。急診室醫生們檢查後表示

沒有大礙（我有腦震盪，但會自己痊癒），我飛回維多利亞，甚至還跑去看演唱會。可惜一切並不順利。

等我回到父母家，已經非休息不可了。

爸媽到車站接我，他們看到我後一臉驚駭，沒有平時的歡天喜地。

「妳的眼睛不僅布滿血絲，而且裡頭有血。還有妳面如死灰——跟水泥一樣。」一週後，我老媽評道，「我們擔心死了。」

抵達父母家後，我立刻躺到客房床上，整整待了一個星期，只有吃飯時才出來。

爸媽很訝異我那麼能睡。「就像進入昏迷狀態一樣。」我媽說。

就某種程度而言，確實如此，我無法一次連續清醒數小時。我在無邊的夢境中度過漫漫時光，希望自己能夠痊癒。

在我深度休息的那個星期裡，一整天過去了，什麼事都沒發生。我無法分辨時日，白天融入黑夜，接著又來到了次日早晨。無事可做、無處可去的我，只能任由睡意牽引，回到那個沒有時間的地方。

我清醒時也是呈呆滯狀態。由於腦震盪，我受不了刺激、困惑或接收太多訊息。我發現滑手機看社群Ｘ刺激太大，新聞網站，尤其是網路直播，也令人無法消受。又一項每小時、每天都非做不可的事，就這樣消失了。我的大腦只想要白牆、寂靜與夢境。

我的執行力也應聲而垮。腦震盪的第二天，我在訂回墨爾本的航班時，買了三張去往錯誤目的，或錯誤日期的機票。我就是無法集中心神。

其中最糟的一項體驗就是，我幾乎無時無刻不感到驚慌，我怕自己的腦力永遠受損，體力不濟。當你生病或受傷，特別是一時半會看不到改善跡象時，很容易會以為自己永遠好不了。

失去健康的打擊確實很大，即使是暫時性的。經歷過這場大病，並陷入恐慌，擔心自己將永遠住在父母的客房裡⋯⋯永遠⋯⋯（並永遠陷入沉睡），我在迷糊中想著，如果我們生病或受傷，怎麼可能會覺得**沒關係**。

但我也開始理解斯多葛學派的做法了。就像金錢和名譽一樣，我們應該培養無動於衷的心態，因為我們的健康並不全由自己掌控。萬一腦部的不同區域受到重擊，我有可能**依然**躺在爸媽的客房裡，白天拉上窗簾。

我運氣好。但受傷的這幾個星期，使我從斯多葛學派的角度，思考自身的康復。我負面地想像自己未能復原，同時一邊釐清環境中，哪些是我能控制的事項（不過度受刺激、不上網，盡量多睡），並努力康復。

韌性

雖然人類行為的各種面向永遠不會改變，但2020年代的

社會，與西元前的生活極為不同。如今我們需要、也應該要求在兩方面展現出韌性。我們需要內在或個人的韌性，來應付生活的變故，包括健康、收入、名譽和人際關係的損失，但我們也應要求政府建立具有彈性的系統。健全的體系，能為那些生活困頓的人提供安全網，透過外在與內在的韌性，個人和群體方能頑強地應付各種動盪。

由政府支持，並由稅收支付的強大醫療和醫院體系，便是一例——而且人人都能使用。你若失去腿部功能，雖然還是必須獨自應付損失，但如果少了醫院、復健補助和良好的服務支援，損失只會更重。斯多葛主義的討論框架裡，並不包括那種拋棄最貧窮、最脆弱公民所需要的政府。斯多葛主義不像一些自由派人士那樣，主張適者生存的哲學。相反的，一個有彈性的政府，和支持具韌性的民眾的政府體系，這樣的模型反而很符合斯多葛學派的原則，以及他們對社群，對人類相互依存，以及正義美德的概念。

健康與控制二分法

我們對自己的健康只有部分的控制權。我們有可能走在路上被公車撞到，或被插座有問題的燈具電到，或在登上越野車時撞到腦震盪。我們脆弱的身體很容易受各種傷，生各種病。

而且我們都認識那種吃素、戒酒、每天上健身房、到哪兒都騎自行車的人……他們做了一切正確的事，結果還是生病去

世了。與此同時，你那位九十歲高齡的鄰居依然照常抽菸喝酒，卻一輩子沒生過一天病。

因此將健康歸類為無動於衷的事項，了解它們並非我們所能控制，萬一遇到健康狀況不佳時，我們的內心才不會過於受到干擾。我們可以努力維護健康，給自己最好的機會，但最終結果，無法全然取決於我們。

斯多葛學派並不打算把這當成藉口，而變得被動、大啖垃圾食品，或忽略自己的身體。斯多葛學派的節制美德，同樣適用於我們的身體與情緒。

我的頭傷隨著時間而逐漸康復，現在可以說是完全復原了，但在我以為好不了時，我非常依賴斯多葛主義。我努力保持平靜，提醒自己，至少我的品格並未因此受損。我雖極度疲勞，或大部分時間都在睡覺，至少還能實踐斯多葛哲學的勇氣、正義、節制和智慧等美德。頭部受傷並未影響到這些，事實上，這四項美德對於幫助我度過那段艱難時期，更勝其他時候。

本末倒置

我們的社會並不支持大家對健康、聲譽或財務無動於衷。事實恰恰相反；我們整個生活導向，不僅是為了建立這些高塔（健康、財富和地位的巨塔），還要極盡保護之能事。我們的一生圍繞在這些事物上，失去它們，幾乎等同畢生心血付諸東

流。

但斯多葛主義認為，我們一生應致力於培養四種美德、修養品格及待人處世之道。物質財富、健康和我們的社會地位起伏不定，來來去去，常被我們無法控制的外力所左右。

無動於衷的原則，是斯多葛主義中，難度最高，卻最有用的教誨之一。它與許多斯多葛學派的教義一樣，既優雅又複雜，既簡單又非常艱難。

一生循規蹈矩，小心謹慎，卻仍遭受苦楚的人並不罕見，因為人生本就有起落，這是每個人，每場人生都會遇到的事。每個人的旅程都是崎嶇不平的。

再來一次封城、再一場大火或洪水，有人的小生意可能就永遠關門大吉了。或再來一次惡意的謠言，我們的名聲便從此掃地。或再經歷一次突發事故，健康便沒了。或發錯一次電子郵件，便被炒魷魚了。這些事隨時可能發生在任何人身上，通常是在我們最意想不到的時候。斯多葛學派藉由將不可控之事，視為可有可無，來保護自己，免受這些事件的衝擊。

無動於衷是什麼狀態？看起來就像是輕輕握住韁繩，也就是說，不要過於緊揪住金錢、名聲和（如果你很幸運的話）你的美貌，而是在擁有它們時感到高興，且在失去時安之若素。這也表示你得練習負面想像——想像失去一切，從零開始。

你還可以使用塞內卡、小加圖和堤姆·費理斯等人的技巧，來練習無動於衷的心態，並進行斷食、受嘲諷或令自己不適的實驗。你可以到湖裡冬泳，或在酷暑時穿毛衣。你可以斷

食幾天，或按塞內卡的建議，暫時將飲食縮減到只有簡單的蔬菜湯和「硬麵包」。或者可以像我的朋友安德魯，減除對奢侈品和奢華經驗的品味或習慣，以免有朝一日負擔不起。

或者你可以像我在頭部受傷時的做法：我把受傷轉變成未來的想像，或萬一自己突然永久失能的小體驗。這也是世事無常的一種學習，上一分鐘你還慌慌張張地衝上車，下一分鐘你在澳洲餐廳裡噁心想吐，然後直奔急診室了。

你可以學我和許多其他人的做法，定期脫離舒適圈，獨自或與他人一起撤離到鄉下，進行數日的沉思、簡單飲食、冥想和寫日記，遠離網路和外界的打擾。你會發現，少了你認為絕對必要的物品後，你不但能夠生存，甚至還活得更好。

如何……

放鬆

「我們言語和行為，大部分都是不必要的。若能避之，你將擁有更多的時間與平靜。時時刻刻自問：『這是必要的嗎？』。」

——馬可‧奧理略

「當環境外力干擾你的平靜時，要立刻設法恢復自持，莫讓自己失衡過久。習於回歸和諧狀態，能增加你對平心靜氣的掌控。」

——馬可‧奧理略

　　2020年11月，我忍不住一直尖叫。我剛剛結束跟Netflix
的線上會議——他們買下拙作《養生狂女子》，打算改編成一
檔八集的喜劇，並由全球當紅的塞萊斯特・巴伯主演[21]。
Netflix！！我的天哪！是Netflix耶！！我怎麼會遇到這種好
事？？！！！

　　我興奮到天靈蓋都快掀了。對我來說，這是前所未有的
事。我連想都沒想過，自己能寫出一本會被拍成Netflix影集的
作品，而且竟然還是我花了許多時間周旋於各修道院間，試圖
找到某種難以言狀的精神靈藥的那部作品。視訊會議達成「同
意」結束後，我在客廳裡手舞足蹈、開香檳、打電話給最要好
的朋友們。我欣喜若狂，那種發自體內的快樂簡直像嗑藥，我
飄然到不行⋯⋯

　　最後我終於停止尖叫了，我在衝去冰山酒吧喝雞尾酒慶祝
前，走到後院，躺在一棵巨大的尤加利樹下的草地上曬太陽。
我能感覺如電流般在我體內流動的興奮，這股嶄新狂熱的能量
在我體內奔竄，幾乎無法抑制。

　　這種撲天蓋地的情緒餘韻極強，我過了好幾個星期，才能
抹去臉上的笑意，因為我就是那麼地快樂。然而情緒終究是沉
澱下來了，我也回歸到正常。呃，至少有一小段時間如此。繼
之而來的，與當時的興奮恰成反比，我經歷了一段異常持久的

21　**塞萊斯特・巴伯：** Celeste Barber，
　　澳洲喜劇演員及媒體人。

低谷期，在接下來的六個月裡，承受巨大的挫敗與失望，那種強度，不下於之前感受到的喜悅。我想這是一種體內動態平衡的形式，是古老生物尋求平衡的本能。然而這兩種極端的波動實在大到讓人吃不消，高興過了頭，低潮又太鬱悶。

除了Netflix的交易之外，我還在寫一部難度頗高的小說（後來棄寫了）、每週幫《衛報》寫專欄，而且處於一場疫苗不知何在的全球疫情中。這雖然無法與第一線的工作人員，或在勞改營裡鏟雪的人相提並論，但這些事壓力還是挺大的。我的身體可以感受到每分喜悅，也能感受到每一分低潮。我在低谷期間，開始莫名的下顎痛。我牙疼，每天凌晨四點醒來後便無法再入睡。我的右臂開始發疼，打電腦都很難受。我試過幾十種不同的治療方式，但就是醫不好。由於沒法打字，我嘗試用語音辨識軟體來口述專欄、新聞稿和斯多葛筆記，結果亂七八糟。愛比克泰德被寫成了「Epic Tennis」（史詩網球）。

當生活各方面出現問題時，我陷入了前所未有的絕望，這是從狂狷的青少年期至二十出頭後，便不曾有的經歷。一切感覺如此荒謬而戲劇化，我度過有史以來最成功的一年，同時也度過最混亂和可怕的一年。我的身體罷工，睡覺時磨牙磨到掉粉，那是一段黑暗期。

這種個人的混亂狀況，也普遍呈現在整體社會上。全國各地城市忽封忽開，人人似乎都在經歷類似的、精神錯亂的狂躁高潮與低谷。一名州長深夜突然召開記者會，宣布當晚午夜開始封城，成千上萬的人們駕著車子，或湧向機場，或試圖回家

和逃離。其他在家觀看的人,發現自己近期又將進入另一輪在家上學或無薪假的困境中,他們無所事事,陷入痛苦、絕望、擔憂和恐慌的漩渦中。幾個月、幾天、幾週之後,封鎖解除了,超市門口天未亮便擠滿人群,酒吧裡喧鬧歡騰。

慢慢的,能量漸次紊亂,舊有的年歲時序失準,我們似乎越來越難以調節自己。這種**卡在中間**到底是什麼感覺?**正常**又是何種感覺?我們如何恢復以往的和諧?當外界如此混亂時,我們能否獲得內心的平和?無論是集體或是我個人的心情,似乎都會隨外部的情況而改變(比如跟Netflix的重要交易、全球疫情),這些與外部接軌的情形,感覺更像是坐雲霄飛車,而非在平穩的軌道上滑行。我想,你若將自己的情緒寄託在外部因素,那麼你將永遠無法掌握自己的內心。

我回顧十一月的欣喜和二月的絕望,心想,不知可否用正在學習的斯多葛哲學幫我度過難關,並協助我管控得意之時。

它能否讓我淡定一些,不至如此受到外物所控?讓我從雲霄飛車上下車,不會因情緒或事件轉變過大,而感到疲憊不堪?

結果這種撫平情緒的過程,成為我斯多葛之旅中,最大的收穫之一。我會覺察到自己的情緒底線,並按照古斯多葛學派的技巧及原則,去進行調節。

尋求寧靜

忘記狂喜；對斯多葛學派來說，寧靜是至高無上的狀態。他們名之為「ataraxia」，意思是「因憂懼不著於心，而極為平靜的清醒狀態」，「eudaimonia」的意思則是「泰然自若」（或字面意思為「沒有精神上的困擾」）。

現代人已經不用「ataraxia，澄靜」這個字了，但我們其實應該要用。我們比以往任何時候都更需要它！當今人們透過對科技、網路購物和社群媒體的依賴，不斷汲取多巴胺，我們迫切需要一種像ataraxia這樣，能穩定、緩慢釋出的藥物，並在日積月累後，顯現其效用。

古代哲學家認為，內心能做到澄靜，便能創造情緒的平衡，結果不僅使情緒基礎更加穩固，他們更希望能將這種平靜外溢到周圍的人身上。

若是你處於寧靜，就比較不會有太多反應或過於衝動。如此不但不會毀去自己的一天，還能避免毀掉他人的一日。心平氣和的你，也許會做出更好的決定，當然就不太會被激怒和生氣了。

但要如何達到澄靜之心？尤其是對一個被災難、疾病、干擾、欲望、行銷、社群媒體、末日氛圍，及無情的資本主義需求環繞的現代人？假如你又是一個容易被熱情左右，渴望追求激情，如談戀愛或達成交易的人呢？

我在為《衛報》撰寫澄靜相關的文章時，向英國著名哲學

家及作家A.C.格林教授（Professor A.C. Grayling）請教了一些關於如何達到澄靜之心的建議。「激情對我們來說暗示著某種積極性，」他表示，「但如果你查一下passion（激情）的詞源，其實這個詞是被動的，它代表一種發生在你身上的事，例如愛情、憤怒或欲望，是神的賜予。」

與激情不同，澄靜之心由你創造，是「安寧的心靈、內在的平靜與力量。」格林說道。

> 當你面對人生中所有不可避免之事，身處人生的幽谷時，如失去我們關愛的人、經歷悲慟、失敗、犯錯、內疚，澄靜之心會處理這些陰影，並為其做好準備。準備是一種日常的工作，但達到澄靜，也意味著學會放鬆、享受生活，以及充分利用每一天。這也會使你成長。

儘管「澄靜」一詞已不再流行，但格林表示，其實，「那只是另一種表示『我得設法振作起來』的方式罷了。」

> 當人們說「我得設法振作起來」，他們的意思是「我找到內心的平衡與和諧了」，這點非常重要，我們很需要它⋯⋯在這種遇到封城的時刻。尤其如果你處於長期封城的狀態，你得找到新的層次，新的平衡。這需要一定程度的心理能量去自問：「我需要做什麼才

能達到那種狀態？」

Medium發佈平台上有篇廣為分享的發文，斯多葛學派信徒史帝夫・甘巴德拉（Steven Gambardella）寫道：

> 澄靜之心不像「快樂」或「興奮」那樣有明確定義的狀態。古希臘哲學家認為，那是一種安寧的「休憩」狀態，饒是如此，卻令人心嚮往之。希臘哲學家皮浪[22]相信，人類天生擁有這種心境，但很容易丟失。就像健康無病的身體，會處於恆定狀態，而澄靜之心則是心靈**未受到**擾亂。

甘巴德拉在倫敦家中對我闡述這點。「現代人極度不快樂，因為我們對幸福的理解是錯的。我們以為幸福來自有所作為，來自積極設計的狀態——喝酒、性愛、購物……這種幸福觀，與消費主義緊密相扣。」

甘巴德拉解釋說，其實古希臘哲學家，如伊比鳩魯、斯多葛學派和懷疑論者「教導我們，幸福並非明確定義的狀態，它是一個消極定義的詞。換句話說，幸福『不會受到影響』，或帶有任何強烈的情緒——古希臘人對此十足著迷。」

澄靜理論「出現於危機時……在亞歷山大（大帝）死後發生的混亂與流血事件時。」

「對於任何尋求平衡和平靜的人而言，這是一種目標，尤

其是在不確定的年代。」

聽起來很像現在，感覺上我們全都非常需要它。

快樂或寧靜？

在談到如何切入斯多葛哲學的這塊領域時，安德魯和我有些歧見。

我對快樂的概念開始產生疑慮，我覺得快樂是一種搖擺的狀態，過不了多久，便會盪向相反的情緒——絕望。如果我感覺太快樂，或對某件事過於得意，我會為相應的負面情緒做好準備。我認為最好能保持平靜、均衡、冷靜與放鬆。就像甘巴德拉所說的，澄靜只是**未受到**干擾的狀態。

因此：如果不過度興奮，便不會跌落低谷。

安德魯卻以為，快樂本身不是問題——你不能把快樂與外在事物綁在一起。所以，如果我只有在拿到Netflix的交易時，才會感到快樂，那麼我就是把自己的快樂和不可控之事綁在一起，注定會有不好的結果，因為這表示我會受外物牽制擺布，並陷於混亂。而且因為我的快樂主體，是種移動的目標，我等於默許由別人來控制或批准我的快樂。

安德魯告訴我，他把自己的快樂，定位在他能控制的事

---

22 **皮浪**：Pyrrho，古希臘懷疑派哲學家，被視為懷疑論鼻祖。

上。當然了，這些可控之事，只能是以下三種：他的品格、他的反應／行為，以及對待他人的態度。他會刻意地把愉悅和滿足感，從那些不可控的事物上轉移開，藉此訓練自己。

根據這個定義，如果他品格良好、時時檢視自己的反應、行為符合美德、善待他人，安德魯便會感到快樂。這些事物全都在他的控制範圍內——如果他確切地實踐，快樂便隨之而至。若假求於外，從金錢、名聲、外界的認可，或他人的情感中尋求快樂，就會落入危境。這些事全非他可控的，別人的行為，會左右他的快樂。

按照安德魯的邏輯，只要把快樂鎖定在自己能完全掌控的事上，便一定能得到快樂。

即使是我們僅能部分掌控的事，也無法保證會帶來快樂。例如：我很期待跟朋友一起開心地到雪梨港泛舟，日子一天天近了，可是當天早上突然颳起強風，或下起大雨，或出租小舟的店關門了，或朋友爽約，又或者以上皆是。原本板上釘釘的快樂活動——至少是愉快的活動——最終卻以失望告終。我把自己的力量拱手讓給了外力，可是如果我把快樂鎖定在自己全然可控的三件事上，隨遇而安，即使被放鴿子，仍能心平氣和地對待朋友，那麼我依然會感到快樂。

在心情方面，我們應該追求什麼？安德魯想追求的是快樂，僅限源於可控範圍內的事物所帶來的快樂。我則另闢蹊徑，追隨古希臘的澄靜和泰然自若（ataraxia，eudaimonia）的概念，努力控制我的寧靜之心。

但上述兩種方法，終究會殊途同歸：即不受命運擺弄，不為外物所牽。

如何做到澄靜

斯多葛學派理智地評估情境，理解何者可控，何者不可控，而達到澄靜的心境。還記得之前有關控制二分法的章節嗎？不可控的事，根本不值得你去擔憂。

A.C.格林表示，「如果你有勇氣面對外界的事物，如地震、疫病、自然災害、年老與死亡。如果你能掌控自己的內心。」你便能獲得澄靜。

達到澄靜心境的技巧還包括「放大視野」——把自己和自己的問題，看成宇宙中的微塵。

史帝夫・甘巴德拉解釋說：「就像馬可・奧理略所說的，『與群星同遊』——或者抽離自己的情緒，或者剖析事態，解析自己的情緒，從而了解到⋯⋯真正危險的問題是什麼，並明白自己的激情正在流失。」

馬可・奧理略的全文很美：「浸淫於生活之美，仰觀星子，想像自己與群星一同奔馳。」

掌控自身的恐懼與欲望（換句話說，控制我們的激情），我們便能更接近澄靜之心。

從實際角度來看，「達到澄靜的一個主要辦法，就是避開社群媒體。」甘巴德拉表示。

「Instagram 可能使人感到悲傷和孤獨，這是完美的反澄靜現象，因為你永遠無法擁有足夠的關注者，永遠不可能獲得足夠的讚──Instagram 就是建立在超量觀念上的……而且上面充斥各種通知，要求你去關注完全陌生的人。」

然而在我們獲得澄靜之前，得先屏棄舊有的幸福觀，覺得幸福就是取之不盡，用之不竭。

「人們對幸福的想法非常膚淺。」格林表示。

> 例如談戀愛。人生的一大騙局就是以為墜入愛河便是幸福，然後在五年、十年之後醒來時，心想「這個人到底是誰啊？」如果你在派對或熱戀時，開心到不行，那並不是真正的快樂。
>
> 幸福是一種狀態，在這種狀態下，做為個體的你，能擁有堅實的基礎和場所，去做你需要做的事；克服你需要經歷的悲傷；遇見你需要遇到的人；並幫助身邊那些你需要去幫助的人。

他說的沒錯。

如何保持內心的寧靜？

跟許多斯多葛哲學中的觀念一樣，獲得平靜並沒有神速的妙招，你只能更加細察自己的內在狀態，把保持平靜列為優

先，而不是先去追求享樂、快速的刺激和極度興奮之事。

達標得付出努力。我持續每日冥想兩次，每回二十分鐘，並多次提醒自己需要放鬆。我漸漸能感知到壓力給我身體帶來的感覺了，比如胸口發緊。我需要休息時便去睡覺，這樣才不至於用腦過度。我的咬牙狀況減輕了，也不再會興奮到連坐都坐不住。

最近我有些好消息，我有個最要好的朋友對我的反應感到不解。「妳為什麼沒有很興奮？」她用一種略帶指責的語氣問。

但事實是，經過這麼久的鍛鍊後，要對事物過度興奮，變得很有難度了。在經過全力追求澄靜之心的一年，我的反應往往比以前更加淡定。

保持平靜還需慎選他人的意見。過多的奉承，可能導致自我膨漲（奉承和良好的聲譽並不受自己控制，失去這些可能會造成不平靜），而飽受批評，可能使人心煩意亂，所有這些都會使寧靜失衡。諷刺的是，保持平靜安詳的狀態，是需要一點努力的，就像鴨子划水一樣，表面不動聲色，底下拚命划動。但隨著時間推移，我發現自己練習靜心的時間越長，心就更容易安定下來，關鍵是，**生活也變得**更加輕鬆。

2022 年 3 月，那個令我興奮到久久無法自己的 Netflix 節目

開拍了。當天，我跑去康科特（Concord）一條安靜的住宅區街道。看到停在附近橄欖球場的餐車，還有一批化妝師、攝影師、導演、演員和臨演，感覺極不真實⋯⋯這些人齊聚在此，都是因為2016年我在卡斯爾邁恩[23]一個靜謐房間裡寫了一部作品（我在房中寫下這些文字）。

就在導演喊「Action！」之前，一名原住民耆老為我們致詞歡迎，並舉辦煙燻儀式[24]。煙氣升起並擴散開來，演員和工作人員一個個穿過煙霧，我對發生的一切深懷感激、喜悅和驕傲。這比2020年11月，與Netflix初步洽談成功時，在我體內流竄的情緒更踏實（當時我飄到九霄雲外，並且很長一段時間都無法回到地面）。這種感覺並不表示以後會產生反轉的情緒，或被低盪的情緒沖淡。這就是寧靜之心的作用，寧靜不代表我不享受成功和外物，但假使這些事沒有發生，我也能淡然處之。也就是說，萬一拍片計畫胎死腹中，沒有歡迎詞、開鏡當天因片子停拍，致使雪梨郊區街上沒有演員與劇組，我也覺得無所謂。我的幸福不取決於外物，這種微妙的變化，有時令我訝異，儘管聽起來很細微。

寧靜的優點

寧靜之心還有其他受歡迎的副效果。首先，你會更不在意別人對你的看法，因為你知道，別人要怎麼說你，是不可控的。

正如馬可・奧理略在日記中向自己解釋平靜：「當你不再關心別人說什麼、想什麼或做什麼，自然會平靜下來。」

當你不再害怕失敗和別人的想法，一切就變得更輕鬆有趣了，你會欣然地享受。

基本的平靜狀態，不僅能影響你的反應，也能影響你的待人處世。如果你很放鬆、性情平和，對生活態度從容，便能展現良好的品德，對事情的反應不會過度激烈。

無論貧窮富貴、健康病弱、有知名度或默默無聞、生活困頓或身居現代設施齊備的豪宅，你都應該能無視外在環境，讓自己澄靜下來。方法就在你自己心中。

在斯多葛之旅的這個重要階段中，我發現我們的生活和環境不斷變化，世事多變，但我若終其一生把寧靜視為首要之務，那麼便能在種種生活的磨難中，保持內心的平靜——無論事情有多離譜。

23 **卡斯爾邁恩**：Castlemaine，澳洲維多利亞省地名。

24 **煙燻儀式**：smoking ceremony，澳洲原住民古老習俗，使用被認為有淨化身心效果的草藥進行煙燻，以祛除邪靈。

如何⋯⋯

做個好人

「人生的目標是與自然和諧共處。」

——季蒂昂的芝諾

「別再浪費時間爭論好人該是什麼樣子,直接做個好人吧。」

——馬可·奧理略

　　2022年夏末，我在基尼頓（Kyneton）學開車，練習在火車站倒車入庫。

　　教練要我倒車，把車子停到另一輛車子旁邊──那是一輛灰色的貨車。當我停到貨車旁時，發現有隻手在調整後車窗的窗簾。

　　「車子裡一定住了人。」我對教練說。

　　我擠出車門，付了學費，然後走到火車站，準備搭火車回隔壁鎮的家。

　　我注意到有個人朝我走近，是那輛貨車裡的女人。她可能有七十多歲了，滿頭白髮，穿著破舊的毛衣、裙子、涼鞋。

　　「剛才是我第一次倒車入庫！」我告訴她說，「我再過八週就要考駕照了，如果沒考過，就會變成世界上年齡最大的學車菜鳥。」

　　女人微微一笑，然後做了一件非常奇怪的事。她靠近我，伸出手，說：「拿去。」

　　她遞給我一張五十元紙鈔。哦，不用了，請別這樣。我曾在地上撿過錢，但從來沒有陌生人會突然走過來給我錢，尤其像她這樣看來也很需要錢的人。

　　「我沒事，謝謝。但非常感謝妳。妳人真好，但我不需要這筆錢。」

　　「請收下吧，」她說，「就拿著吧。」

　　我坐下來等公車，開始跟這位女士聊天。她叫莫妮卡，來自新南威爾斯州內陸的一個蛋白石礦鎮，大老遠跑來維多利亞

州中部探望家人。

她想送陌生人錢,「但人們不願意收。」她模仿別人抬起雙手往後退的樣子,好像以為她瘋了。但她並沒有發瘋,只是想送人現金而已。她說,贈與使她快樂,幸福人生的祕訣,就是莫貪求超過你已有的東西。「你若對擁有的感到知足,就能過上幸福的生活」她表示。「太多人想擁有自己沒有的東西,他們一輩子汲汲營營地追求下一個東西,但那樣並不能帶給他們快樂。所以他們永遠無法滿足,總是需要更多的錢,去取得下一個或許能讓他們快樂的東西。」

「而且永遠停不下來,」我說,「就像跑步機。實際上,人們從來沒滿足過。我想那就是資本主義……」

莫妮卡點點頭。「我一向很滿意自己擁有的,所以我從來不會想得到更多。」

更多是多餘的——因此莫妮卡將自己不需要的東西送人。

她不需要這五十元,因為她睡在自己車上,在車站過了三晚,把停車費省下來了。

「妳可以用這筆錢付下一堂駕訓課。」她說。

我的公車來了,莫妮卡和我互祝好運。她走回自己的貨車,步履緩慢。

在鐵路替代巴士上,我感動到不行。

剛才在車站發生的事,似乎不僅是偶發的善舉,而是更類似於恩典。這筆錢超越物質,成了一種象徵,承載著一些東西:品德、善良,一種罕見的處世之道,讓我覺得這次相遇接

近神聖。我想，是因為莫妮卡的純良震撼了我。她對我毫無所求，一心只想給予。這讓我懷疑**自己**是否善良。要跟莫妮卡相比的話，答案是「不」。

　　我們的文化泰半建立在行銷上，感覺如今一切都顯得如此功利。這就是為什麼遇見莫妮卡，會令人覺得奇怪了。當然，人們會對彼此友好，但我懷疑，是不是因為大家都有求於他人？

　　你到了新職場，人們十分友善，是因為他們下意識地想拉攏你嗎？鄰居表示友善；邀你加入 WhatsApp 群組，是因為出於自身利益，想團結起來，反對市政申請搭建電波塔嗎？人們在派對上與你聊天，是因為他們在朋友抵達之前，沒有別的聊天對象嗎？

　　對別人的動機抱持懷疑，似乎比單純地認為「人們都很善良」更容易。

　　或許這只是我的功利心作祟，老實說，我滿⋯⋯**壞的**。呃⋯⋯光是用**想的**，我都覺得不舒服。

　　老實說，我大部分時間很自私，但偶有利他的時候。我在國王十字區的一間酒吧裡，點了一些金巴力利口酒和蘇打水，結果結帳時錢算少了，我們本可一走了之，但我提醒服務生，並把錢補足。朋友說那是「好人會幹的事」；要是她，根本不

會多說什麼。但我很誠實,「因為我不想有報應。」因此,即
使**那點好事**,也是有功利成分的。在這種情況下,我希望老天
能回應我的善舉,讓我得到善報!

關於給予

　　斯多葛學派透過謹慎評估贈與的行為,並重構接受和給予
的方式,來減少人們關係中的交易性質。塞內卡在其最長篇的
道德論述《論恩惠》(De Beneficiis)中,談到施予的衝動,
是人性的核心──否則我們與禽獸無異。塞內卡把贈與視為模
仿神的一種方式,諸神在大自然中給予我們許多贈禮。他還提
出了接受饋贈的最佳方式,就是心懷感激。這種施與受的方
式,可以提升我們的品格,培養美德。此外,根據斯多葛學派
的原則,贈與者不應期望任何回報(最好匿名贈與)。期待對
方未來能有所回報,或以等價交換的方式去贈與,便忽略了斯
多葛學基礎的控制二分法。我們無法控制他人,或他人的行
動、反應。因此,我們不能期待接受者會有所回報、強烈的回
應或心懷感恩,因為他們的反應是我們無法控制的。

　　例如,你幫朋友的忙,讓他們在你外出期間住到自己家
中,你不能期望會有回報,甚至不應期望朋友感謝你或留下禮
物。你應該無償地給予,不期望有任何報酬或禮物。同樣的原
則,也適用於幫人找工作,或在他人生病時給予協助。這個原
則打破了我們與所有人之間的功利性質,也使得施予變得不那

麼有壓力。你若不求回報地付出，那麼在沒有回應時，便不會失望了（也許有回報時，反覺得驚喜）。我們該如何給予？塞內卡寫道：「施與受應該一樣欣然、迅速、毫不猶豫；因為要給不給的恩惠，根本毫無價值。」美哉斯言。

何謂善良？

回到莫妮卡身上，以及她送我五十元的善舉。你會這麼做嗎？我們很少檢視自身的善舉，也許是因為我們對自己的性格有很多盲點。我們真的能客觀地審視自己，判斷自己是善是惡嗎？評判**別人**的善惡，輕鬆容易多了。

深刻在我腦海，藏在記憶深處的，都是我幹壞事的時候。然而，有些我認識的人會主動告訴我說，我是一個「好人」或「善類」。每次聽到這些話，我都會有點訝異。啊？我嗎？真的假的？你確定嗎？**「善良」究竟是什麼**？是在自己一無所有時還把錢捐出去嗎？是無微不至地相互關照嗎？人性是趨於善良的嗎？

這個問題一直困擾著每一個人，從亞里斯多德、莎士比亞、漢娜・鄂蘭[25]到維克托・弗蘭克[26]皆然。人性**到底**是何傾

---

25 漢娜・鄂蘭：Hannah Arendt，西元 1906-1975 年，德國政治哲學家、作家及納粹大屠殺倖存者。影響 20 及 21 世紀的政治理論研究。

向？

　　古斯多葛哲學家對這些問題冥思苦索，認為人性偏向於善（本性），而且我們也應該追求至善（各種美德）。

　　斯多葛學派還相信我們既是理性，也是社會性的動物，「我們若與自然和諧共存」，生活會更加順利。這包括了人性與大自然。我們出生在家庭、社會、部落、國家和全球社群裡，關心並照顧不同社群的其他人是很自然的事。這種對他人的關愛，最終會從我們的直系親屬擴展出去，涵蓋對全人類的關懷。斯多葛哲學家非常反對部落主義。

　　希臘斯多葛哲學家希羅克勒斯（Hierocles，約西元150年），以被稱作「oikeiôsis」的同心圓，來描述斯多葛學派的世界主義（在斯多葛倫理學中oikeiôsis表示把某事物視為自己的，歸屬於自己）。希羅克勒斯把個體描述成一系列的同心圓：第一圈是人的心智，接下來是直系親屬，然後是家族親戚，再來是當地社區。其次是鄰近城鎮社區，然後是國家，最後是整體人類。據希羅克勒斯的說法，我們的任務是將這些圓圈朝中心拉攏，將人們轉至內部的圓圈中，使全人類成為我們關懷的一環。做過佛家「慈悲」冥想的人，對這個概念並不陌生。古代及中世紀的印度教和耆那教文本中[27]，也能找到這個觀念。

　　除了世界主義的原則外，希臘和羅馬斯多葛哲學家還經常熱情地描寫歡樂的友誼與社區。雖然斯多葛主義在某種程度上，與堅忍自己、抵抗苦難有關，但許多更唯我、內求的斯多

葛修練與沉思，旨在幫助我們更和諧地表達本性，讓我們與他人共存時，更有益且平和。斯多葛學派相信，如果我們內心快樂而平靜，便能成為更好的公民、朋友、伴侶、同事和旅伴。

你是好人嗎？

我在撰寫本書的三年裡，常隨機地詢問朋友和熟人，是否曾質疑過自己算不算好人？他們的回答往往令我詫異。無論這些人是殘酷、自戀、表面看似利他或自私、慈愛或刻薄的，所有不同類型、道德標準不一、性格五花八門的人，全都回答說，他們確實思考過自己是不是好人，他們的行為是好還是壞。更重要的是，做一個好人對所有人來說，都很重要。

每當我提出這個問題時，受訪的對象便會表示，他們常透過以下指標，衡量自己是否為好人：

》他們所做的工作，會不會產生正面、負面或中性的影響

》與他人打交道時，是否符合道德

》他們面對環境、自然及其他生物（如動物）時的行為，是否合乎道德

---

26 維克托・弗蘭克：Viktor Frankl，神經學家暨心理醫生，納粹集中營倖存者。

27 耆那教：起源於古印度的古宗教，以正知、正見、正行為核心教義。

》是否捐助慈善事業

》他們是不是善良慷慨的朋友、父母、家人和子女

》他們在離世前,能否使世界變得更好

　　沒想到大家會如此廣泛地思索善惡的問題,他們的行善動機是什麼?僅是為了平衡自己的性格嗎?為了夜晚能安然入睡?畢竟受我採訪的人,都沒有特別虔誠的信仰,因此沒有此生行善,為來世積德的問題。

　　我曾在車士活(Chatswood)的一家咖啡店,跟一位信教的朋友做更寬闊的討論。這位虔誠的基督徒,無法理解斯多葛主義的要旨。他問了一個頗有道理的問題,因為宗教也是本人最早的道德觀:「如果人們的行為沒有得到獎勵或懲罰,沒有高於展現本性的意義,那麼他們真的純粹只想行善嗎?行善豈不成了某種動物性的衝動?」

　　他認為,每個人身上都存在原罪,人類需要更多獎懲,以成為善良的人;但斯多葛主義中,缺少這種獎懲。

　　據斯多葛哲學的說法,自己的品格,是你能控制的事項之一。但首先,何謂擁有良好的品性?

　　品德可以概略地定義成,具有引導行為,使邁向至善之境的道德與倫理品質。品格涵蓋了待人接物的方式,你的價值觀,你面對考驗、逆境、挑戰、捐助、物資過剩(包括金錢、食物和酒)的方式,以及你的處世行為。

品德支撐我們度過難關，並且「為我們提供穩固的自我感知。」社會學家理查·桑內特（Richard Sennett）如是寫道。

品德的重要性在近幾十年逐漸勢微，我還在鄉下當律師時，會讓刑事案件的客戶在判決之前，遞交一份「品格推薦書」給法官或治安官，希望官員覺得具有良好品德的人，再犯機率不大，而從輕發落。這些小鎮的毒販、家暴者、酒駕者和小偷，得設法從教區神父或學校校長那裡弄來一封信，表示他們品性純良，他們的罪行與其一貫的品德**不相符**。他們把這封信交上去後，期望法庭能夠開恩。

那是我日常生活中，唯一會明確考慮品德問題的時候。我離開法律界，進入新聞業後，受到重視與討論的，反而是些更華而不實的特質：領袖魅力、成就、美貌、酷勁、幽默或聰明。

以政治為例。以前高風亮節的品德是從政的先決條件；如今領袖魅力凌駕一切，品德反而不再重要了。英國首相違反衛生令，在唐寧街舉辦派對，老百姓卻「為了挽救生命而待在家中」。2005年，川普建議跟美女打交道的方式竟是「抓住她們的下體，你可以為所欲為！」川普在這段失言被翻出來的幾個星期後，便當選美國總統了。

每當有個品德堪虞的人掌權（尤其由民主選舉產生的），敗德劣跡便會受到鼓勵。

也許我們不再選「好人」擔任公職，是因為我們對「善良」有了懷疑。善良這個詞現在究竟還有什麼意義？在這個相

對主義的年代,一個人對善良的理解,是否異於他人?沒有了
共同宗教的整體約束或描述,如今每個人對於善良,是否都有
了自己的特定看法?有些人從耶穌的教誨去理解善良,其他人
則聽從東尼·羅賓斯(Tony Robbins)這類心靈導師的建議,
還有人遵循歐普拉·溫芙蕾[28]、女王,或某些演員、體育明
星、《哈利波特》系列或漫威人物的建議。法律和規定提供了
一種協議的標準,並設下電網,萬一我們逾越了,便會將我們
拉回來,但其餘則是我們與自己良心之間的事了。所以當今之
世,我們還能討論何謂善良嗎?

如何知道自己是否善良?

當我詢問受訪者,如何知道自己是善是惡時,他們並未提
及任何宗教文本、教條、教義或哲學,反而全都在談論自己的
感受。也就是說,做善事使他們感覺良好,做壞事則讓他們覺
得——或隱約或明顯地——**糟糕**。換言之,心中微妙的感受,
會告訴我們,我們的行為是好是壞。

你可以對自己的劣行自圓其說,以減少這種糟糕的感覺,
例如報復某人,或為他們的惡行懲罰他們。但大體而言,多數
人的道德指針都指向同一個方向。

斯多葛學派稱這種指南,或這種感覺為「自然」(na-
ture),並認為天性會引導我們認識善及行善。

斯多葛學派經常談到「與自然共榮共存」。這在一定程度

上，表示我們天生是具社會性、合作性的，我們希望他人好，希望周圍的人能茁壯成長。斯多葛學派創始人，季蒂昂的芝諾表示：「所有事物，皆是『自然』這個單一系統中的一環；個體生命在與自然和諧共存時，才會美好。」

我們的天性並不希望看到別人受苦或受到剝奪，因為我們之中若有人受苦，所有活在社會中，具社群性的我們，也會受苦。馬可・奧理略在《沉思錄》中寫道：「對蜂巢有益的，對蜜蜂也有益。」

斯多葛學派是現實主義者，知道人類天性中，也有惡劣的行為。但他們相信這種不良行徑可以得到糾正或戒除。「人類為彼此而存在，所以要麼教導他們，要麼學會容忍他們。」馬可・奧理略說。

28 歐普拉・溫芙蕾：Oprah Winfrey，
　　美國脫口秀主持人、電視製片人、演
　　員及作家。

如何對付劣跡敗德者？

學會容忍劣跡敗德者，是馬可‧奧理略擅長的事。他提醒自己：

早上醒來，便告訴自己：今天要跟我交手的，可能是胡攪蠻纏、忘恩負義、傲慢自大、虛偽、嫉妒和暴躁的人。他們之所以如此，是因為他們無法分辨善惡。但我見識過善良的美和惡的醜陋，也了解行惡者的本性，這與我的本性相關——雖然我們並無同樣的血緣和出身，卻有相同的心靈，也都擁有一部分的神性。因此他們沒有人能傷害我，沒有人能使我陷入醜陋之中。我也不會生我親人的氣，或憎恨他。我們生來就是要合作的，如同雙腳、雙手和雙眼，就像上下兩排牙齒。相互阻礙是不自然的，對某人感到憤怒而背過身：這些都是不自然的。

美德

我們知道根據斯多葛哲學，生活中（生活往往多變難測）品德是少數可控的事項之一。因此，你有責任創造並保持最好的品德。良好的品德，即培養斯多葛學派的四種美德：勇氣、節制、智慧和公正。

此外，古代的修養心性，並不排除任何人：無論男女、奴隸、自由人、黑人或白人，皆可追求。斯多葛學派認為，無論個人的境遇或人生地位如何，人人皆能培養高尚的品德。這是人類本性的一部分，透過實踐與追求，每個人都能展現出這四種美德。

對古人來說，擁有良好的品性不僅能使自己的生活更加從容（有了智慧和勇氣，你可以更從容地接受命運的打擊），也能使周圍的人活得更好。透過自制（或節制），便不會亂發脾氣，惹怒他人。藉由公正，你會努力為自己和旁人創造公平及公義的結果。智慧使你為朋友和社區提供正確的行動建議；有了勇氣，便能幫助他人和自己克服逆境。

斯多葛學派相信，這四種美德皆能逐一實現，它們與個性無關，是每個人與生俱來的，因為它們是人類本性及能力的一部分。

你可以是好人，卻無法逼人當好人

成為好人，或至少變得更加良善，已成為我的斯多葛之旅的一環了，因為這是我唯三能夠完全掌控的事項。莫硬要把別人改造成好人，你可以以身作則，或教導、勸說他人從善，但一個人是善是惡，行為是好是壞，最終並不為你所控。馬可‧奧理略建議說：教導他們，或學會容忍他們。

這對我來說是個很難接受的課題，尤其當我受人冤枉而憤

恨不平時。憤怒難道不是一種表達不滿和底線的方式嗎？但斯多葛學派，特別是與憤怒相關的指導，強調別人的惡劣品性，得由他們自己糾正，而不是我。以惡治惡地對待冤枉自己的人，只會損害自己的品德。

愛比克泰德舉了一個例子，他美麗的鐵燈被竊賊偷走了，只好用一個便宜的陶瓷燈替代，他說：「我之所以會失去燈，是因為小偷比我更機警。他為這盞燈付出的代價是自甘淪為小偷：為了偷竊，他失去了信念。」

愛比克泰德失去的只是一盞燈，小偷失去的則嚴重多了──他失去了品德。

如何培養品德？

這是一道難題，是一個進行中的過程，但我信任之前談到的那種微妙的感受。那就像一盞看不見，卻又十分強大的指示燈，在我敗德或行善時，會點亮起來警示我。

當我做出善舉，會感到愉快，行不義之事則會覺得難受。事實就這麼簡單。當別人對我表示友善時──就像在車站隨意送我五十元鈔票的莫妮卡──我會覺得世界更美好，也變得更謙卑。這些事情中，蘊含著一種呼喚與回應。有人對你做了好事，那麼你將為別人做什麼？善良是可以傳染的，那正是你培養自身品性，並進而影響周遭人的方式。

監督自己的品德

你可以藉由寫日記（如馬可·奧理略和塞內卡那樣）、冥想與沉思，來管控自己的品德。藉由這些實踐，找出自己哪些方面進展順利，哪些方面有待加強。這就是為什麼名聲，或者別人對你的評價，其實並不那麼重要的原因。

也許你可以在施與受方面，採納塞內卡的建議，開始練習感恩，以及不期待任何回報地去付出。注意自己是否有交易性行為，僅將他人視做達成目標的工具，並及時制止自己。

屏棄稀缺心態[29]，別以為自己在與其他人競爭。這很可能使你變得封閉、多疑、為自己囤積物品和資源，在個人及社會層面上，真的就是這樣。

29 **稀缺心態**：一種心理狀態，意旨資源和機會是有限的，這種心態可能會導致貪婪和競爭。

如何……

斬斷憂慮

「人們的憂慮不是來自事物,而是來自他們對事物的
觀點。」

——愛比克泰德

「你能掌控自己的心靈——而非外界的事物。認清這
點,便能找到力量。」

——馬可・奧理略

「你看著別人身上的痘子,自己身上卻覆滿膿瘡。」

——塞內卡

　　《大西洋月刊》某篇文章標題寫道〈人們最近為何如此奇怪？〉，有人在飛機上、機場裡發飆；社群媒體上的酸言酸語滲入真實生活的爭論裡；開車亂撞行人的案例越來越多；酗酒和吸毒的比例飆升。全球逐漸放寬對疫情的限制，但社會並未回歸過去的「正常」狀態，人們的行為變得難以預測（奧斯卡典禮上的打巴掌事件！），而且很奇怪。

　　「究竟出了什麼事？美國人怎麼會從原本為醫護人員鼓掌加油，變成對他們發出死亡威脅？」《大西洋月刊》問道。

　　原因相當複雜，但專家指出壓力、封鎖時的社交斷裂和藥物濫用的增加，降低了人們的節制力，包括對道德及社交上的節制。

　　所有這些行為——發洩、憤怒、威脅、在社群媒體上惹事，斯多葛學派會認為這些都是我們可控的事。它們是我們的反應（或行為），是我們唯三能完全掌控的事項之一。

　　你可以反駁，就像我跟安德魯散步時，與他爭論一樣，我們的反應往往來得太快，煞不住車。但斯多葛學派（和安德魯）的反駁則是，只要我們保持理性，便能控制我們的反應與行為。

　　不過首先來看一個與行為和反應互動的關鍵要素：判斷。

如果事物本身是……中立的呢？

　　判斷使現實有了好壞之分，真的就這麼簡單，也這麼困

難。在某種程度上，思想能代表我們。我們對某些事物的偏好，勝過其他事物，我們把宇宙分成「好」的一邊，和「壞」的一邊，但這些評判未必能代表客觀的事實。我們往往很快地做出判斷，卻缺乏足夠的資訊，或因過快做出決斷，而無法從中受益，甚至事情本身根本不需我們下判斷。我們認為好或壞的事物，實際上很多是中立性質的，但我們的武斷在很大程度上，決定了我們對事物的反應。關於「好」與「壞」的標準，馬可‧奧理略表示：「你把自己無法控制的事，定義成『好』事或『壞』事，因此當『壞』事發生，或『好』事未能如願時，你自然會責怪神明，並憎恨那些有責任——或你覺得他們應該要負責的人。我們許多失德的行為，源自於試圖套用那些標準。」

我遞出申請，卻沒能租到房子，可能心情會很糟——但為何會覺得糟糕？我只是沒租成罷了。市場上可能還有其他更適合我的房子。原本的房子說不定有它的問題：也許有東西壞了、遇到惡房東、房子有蟑螂。但我在未能掌握所有事實的情況下，衝動地判定這樣很「糟糕」（沒租到房）。

若不加檢視，我們將被情緒淹沒

我們的判斷非常重要，因為判斷決定我們的行動。運用**理性**，是我們能夠在一定程度上駕馭情緒的方式，若不加以檢視，我們可能會被情緒淹沒。我們每天有六萬多個念頭，有的很棒，但大多是垃圾，我們需要用理性篩選，再據此行動。我們往往反覆思索困擾我們的事（例如跟老闆開會），但思慮再多，都無法改變會議的過程，準備才有辦法改變，但反覆思考不能。當我們思慮再三，進而鑽牛角尖時，我們的思維就變得跟垃圾食品一樣了：對我們有害，缺乏營養，無法提供我們完成任務所需的能量。你不會整天吃垃圾食品，所以也別做垃圾思考。

理性思考

斯多葛學派非常重視理性思考能力，這是每個人與生俱來的力量，藉此擺脫激動和往往不確實的情緒狀態。

愛比克泰德有句眾所周知的名言：「重要的不是發生什麼事，而是你對事件的反應。」

斯多葛學派的這個觀點，對安德魯來說似乎非常簡單明瞭，對我卻造成極大的焦慮。如果情緒真的能輕鬆地被理性思維控制，為什麼還會有戰爭、離婚、鬥毆、暴力、爭執、訴訟

和破裂的友誼?「沒那麼簡單!」我不斷地表示。

為了取得另一種視角,我拜讀了現代哲學家瑪莎‧納思邦[30]的大作,探討欲望和情感,以及它們如何融入古代斯多葛學派的倫理框架。

她在《欲望的治療》(*The Therapy of Desire*)中寫道:「情緒具有豐富的認知結構,它們顯然不是無腦的一時衝動,而是觀察事物的敏銳方式;是各種型態的信念,也是這些信念的必要狀態。」

情緒的複雜性,及個體獨特的性格,意味著斯多葛學派要人控制自身反應的想法,似乎過於簡單。很多無意識的行為,會激發我們的情緒和判斷;斯多葛學派所建議的,化解並中和我們的情緒及判斷,是一項艱巨的工作。斯多葛學派的這個領域,強化了我對斯多葛某些概念的直觀感受:那就是對大部分人來說標準太高,卻為我們樹立一個可以追求和努力的理想。

首先,我們先看看如何解析我們的一些判斷,來實現這個目標。

無休無止的判斷

我們的判斷可能會帶給我們許多痛苦,因為我們總是不自覺地對事物做分類,卻並不真的了解。我們泅泳於負面情緒的海洋中,很多時候,我們的認知偏見往往向悲觀主義傾靠,但根據控制二分法,這是沒必要的,因為我們可以控制自己對事

物的反應。

從典型的一天開始。一早醒來，你的腦子根據昨晚睡眠品質和當日行程，在醒來的那一刻，就給自己的感覺貼標籤了。如果你沒睡好，做了奇怪的夢，背部酸疼，也許你已經為這天標上「糟糕」的標記了。

你翻身拿手機，查看新聞、天氣和社群媒體。糟糕。糟糕。糟糕。這世界總有些壞消息，你從新聞上看到有場戰爭造成混亂和死亡。氣象預報多雲有午後雷陣雨。你的心情更差了，這雨要下到何時才停？然後你在社群媒體上看到自己發布的觀點被誤解了，你受到攻擊，立刻起了防禦之心，覺得遭到圍剿。你切換瀏覽的頁面，看到有封員工電子郵件，讚揚你參加的某個方案表現極佳，你突然心情大好。然後你查看自己的銀行帳戶，進帳了！很好！

你還沒遇到任何人——甚至還沒下床！就已經做出好幾個判斷，來影響自己的一天了。但實際上，你真的需要對其中任何一件事做判斷嗎？我們遇到的很多事，不都是中性的嗎？我們難道不能只認知它們的存在，任其流過，不亂貼標籤？

如果我們對事物不形成判斷，便不會去反覆思索（對某些「不好」的事），或鑽牛角尖，走不出來了（對於某種「好」的

30　**瑪莎・納思邦**：Martha Nussbaum，美國著名自由主義學者，專攻古希臘哲學與情感哲學。

事情，例如老闆或客戶的讚揚）。

當我們不做判斷，或少做判斷時，便更易於讓生命自行開展，用一種非反應性、開放式的方式去體驗事物。當你不再每件小事都有看法，你的工作、人際關係，以及對生活的體驗，會輕鬆許多，事情也不會停滯不前。我們不會在星期四時，還糾結於星期一的問題，那件不愉快，老早就翻篇了。

事情就是這麼簡單：當我們不再給事物貼標籤，生活瞬間變得輕盈，環環相扣地往下接連，我們不再陷於泥掉之中。

想像一下，如果你不再把同事當成競爭對手，把老闆當成怪獸，將工作視為沉悶的負擔，工作起來一定很輕鬆。

不去判斷，並不表示出門不帶大腦、拒絕接受資訊或忽略蛛絲馬跡；這只是意味著盡量不對**每一件小事**有意見。

生活是為我們好

斯多葛學派，以及道家、瑜伽士，還有像艾克哈特·托勒[31]這樣的靈修導師，相信生活是為我們好，而不是與我們對抗。我們若抗拒生活，便會錯失生活的輕鬆與豐裕，反而陷入一種拒絕、緊張、掙扎且痛苦的負面模式中。

馬可·奧理略說：

真正的理解，是以這種方式看待生活中的事件：「你的存在，是為了使我受益，雖然謠言把你描繪成另一

種模樣。」一個人若能抱持以下的態度，必能將一切
變成對自己有利的條件：你正是我在尋找的東西。老
實說，無論生活中出現什麼，都是促進你和周遭人士
成長的好素材。一言以蔽之，這是藝術——一種稱為
「生活」，人神皆宜的藝術。每一件事物中，都包含其
特殊的目的和隱含的祝福；既然整個生活像位忠誠的
老友一樣地迎接你，你還有什麼覺得好奇怪或艱難
的？

斯多葛學派以其固有的智慧，發現掌握自己世界觀的重要
性。我們可能會迷失在自己的判斷裡，斯多葛學派追求真實而
客觀的信念（運用他們的理性），而非不必要的價值判斷。

對自己最嚴

也許最常見，也最有害的判斷形式，是我們對自己的批
判。我們跟自己說話的方式，甚至不會用來對待死敵。舉個例
子：某天中午我很疲累，當時已近聖誕節，我忙了一整年，其
實可以休息一下，瞇一小時恢復精神。我確實這樣做了，卻對

---

31 **艾克哈特・托勒：**Eckhart Tolle，美
國最受歡迎的心靈作家，被列為世上
最有影響力的心靈導師。

自己不依不饒。我爬上床，設定一小時鬧鐘，嫌自己動不動就休息，罵自己懶惰，頂不過一個炎熱午後的疲累；咒罵自己的身心需要休息，讓人失望。直到我精神煥發地醒來，才意識到為了短短的一小時午休，給自己灌了多少負面的判斷。我發現自己必須注意怎麼跟自己說話，因為我對自己的評判已不知不覺地嚴重到苛刻殘酷的程度了。

我們要如何學會放下評判？

覺察自己的反應

我們的判斷和反應是緊密相關的，我們做出判斷，並做出反應（或反其道而行——我們先有反應，再對其進行判斷）。有時我們的反應純粹是生理上的：被火焰燙傷手，便迅速把手從爐子上抽回來。其他的反應則是心理上的，來自於我們的判斷。

我們的反應，取決於我們對事物的好壞認定。

想想你對事物的反應。大多數反應是無意識的，但接著會是行動、反應、收斂的循環，但我們甚至覺察不到。你做出行動：例如，你跟配偶或室友因家事起了爭執。**他們都不幫忙！家事都是你在做**！接著你的反應是：爭執令你生氣，然後你收斂住：退縮並悶悶不樂。

那是我們在衝突時，不斷重複、常見的無意識模式。斯多葛學派認為，我們能控制自己的反應，因此我們有能力打破這

種無意識的衝突循環反應。

你雖無法改變別人對待你的方式，卻能改變自己的反應。

控制自己的反應

你可以控制自己對情境的反應，但這不容易。

假設你遇到小型車禍，另一名駕駛突然情緒失控，開始辱罵你，你只能控制自己的反應。在這種情況下，最好的反應是保持冷靜，不發火。記住：行動、反應、收斂。如果你不做出反應，就不必收斂了。

你可能會辯解說，若有人出言相辱，你當然會回應，畢竟你不是機器人。

有情緒**是**正常的。遇到小型車禍，對方駕駛又對你大吼大叫，你心情會好才怪。但你可以運用判斷，既然自己無法控制對方的看法或所說的話，那麼擔心或斤斤計較是沒有意義的。

總之對方惡言相向，已人格掃地——據斯多葛學派的說法，這才是最嚴重的事。

馬可・奧理略說，「只有在事件破壞你的品德時，才會毀掉你的生活。否則，它無法傷你分毫——無論是內是外。」

別對侮辱作出反應

不斷檢視自己的情緒反應，便能避免對侮辱或攻擊性的行

為作出回應。情緒有兩種主要形態：一種源自斯多葛學派所稱的「感覺」（impression），另一種來自我們的判斷。感覺通常不在我們的控制範圍，幾乎全都來自生理反應，例如臉紅，或之前被爐子燙到手的例子。這與判斷相反，判斷是可控的。

感覺是一種初始反應，幾乎像動物本能，如恐懼、不信任、欲望、嫉妒或愉悅。斯多葛人士會記住感覺，但若是這些感覺干擾內心的寧靜，或不利於自己，便會以理性去克服。假設你被突如其來的巨大噪音嚇一跳，稍後發現原來是附近的汽車爆胎了，你便會調整自己的反應，不再感到害怕，這個感覺的影響不大，不會引發收斂的結果。你的基本平靜狀態，並未因此受到破壞。

感覺是無法控制的，但斯多葛學派認為，你也不該衝動地對它們作出反應。 愛比克泰德說：「記住，被打或受辱並不足以構成傷害，你必須相信自己受到傷害，傷害才會成立。」他還說：「如果有人成功地激怒你，要知道你自己的心也參與了挑釁。」

這就是不要衝動地對感覺作出反應的重要性，先三思再回應，你會發現更容易保持自制。

早期希臘斯多葛學派哲學家克利西波斯，用奔跑過快來比喻情緒，情緒的節奏一旦開始並火力全開，便很難停下來。重點是放緩自己的心緒，或至少覺察到情緒的醞釀，並在放緩情緒時，重新制定或評估你的判斷。斯多葛學派稱這種技巧為「重構」（reframing）。

　　例如，你也許認為，或判定早上道早安時，對你嘟囔一聲，愛理不理的同事，並不喜歡你或對你不滿。我們是不是常這麼做？也許比想像中還要頻繁。對於同事愛理不理的負面感受，可能是你的初步判斷。斯多葛學派要求你刻意放緩這種反應情緒及判斷，並予以重構。你真的有足夠的資訊去了解，對方唐突的回應是因為你做了什麼嗎？也許根本與你無關？也許同事今天超級不順，在上班前和伴侶吵架，又或是他們正要赴一場重要的工作會議，合約談起來相當棘手？你不知道對方正在經歷什麼——但我們往往急於下判斷，把一切指向自己。

　　或者你跟我一樣，常因為不爽別人看待你或對你說話的方式，在心裡與人爭執。會產生這些毫無根據的想法，往往是因為我們太過急於對情況下判斷。

　　後果可能很糟糕，除非我們重新評估最初的判斷，否則我們會陷在這些錯誤的想法裡，被腦內的第一感覺干擾。你將整天都戴著這個有色眼鏡，弄得自己神經兮兮，慌亂無措，毀掉自己的一天。你也可能會因為這次所謂的輕蔑，粗魯地對待其他同事。「羅傑討厭我。」你告訴自己，實際上羅傑可能熬夜照顧生病的孩子，下午還要跟工會開會，討論他工作時數被刪減的問題。你打招呼時，人家甚至沒**看到你**。

　　快速的判斷可能會產生負面情緒，除了整天繞著一個與同事相關的虛假故事，在腦中製造敵人之外，你還失去了寧靜之心。斯多葛學派強調莫匆促做出判斷的原因，是為了保持內心的寧靜。假如你不對遭遇的一切亂加標籤，內心便不會受到干

擾。

　　塞內卡深知這點，他表示：「關鍵不在於做錯什麼，而在於如何應對。」馬可·奧理略也寫過，錯誤的判斷可能帶給我們痛苦。他說：「如果你為外部的事情苦惱，那麼痛苦並非源於事情本身，而是出於你對它的評估——但你隨時能夠撤銷這種估算。」那就奪回自己的能力吧！

善用理性，三思後行

　　乍看之下，你會以為，否定或壓抑某種情緒，會造成心理問題。但這項技巧並不是去壓抑情緒，而是利用理性評估，宣洩情緒是否會導致痛苦。

不對狀況做判斷會如何？

　　沒有了判斷，你會接受事態本身。判斷可能會造成抗拒，結果反而接受不了當下的狀況。

　　不做評判，便能避掉「本該如此」的循環：我的老闆**本來應該**幫我加薪，或我老公**本來就應該**幫忙張羅晚餐。單純地接受當前的情況，也就是當下。接受當下，不予評判、比較或恐懼，可能讓人脫胎換骨。我們突然不再與生活對抗、期待它會不同，也不再拒絕我們所擁有的。馬可·奧理略寫過一段話

（是我的最愛之一）：「接受命運給你的事物，全心全意去愛命運帶給你的人。」

● 我們該對什麼事做判斷？

談到這點，讓我們再回到控制二分法。我們無法控制他人的行為或反應，因此我們對別人的評判，很可能是無益或無效的。對別人有意見，未必能改變他們或他們的行為，因為他們的行為不受我們控制。還有，大家都知道，當別人對我們有意見時，我們是能感受到的，而且可能會很不高興。

與其試圖控制他人，斯多葛哲學家會試圖說服別人調整自己的行為，或以身作則，讓對方模仿或複製不同的行為模式。

舉個例子，你和酗酒者同住。他們每週總有幾個晚上喝到爛醉，因而耽誤你的計畫。他們醉到什麼事都沒辦法做。結果弄得你只能氣呼呼地上床睡覺。

你可以批評對方貪杯（你也很難不去批評！），但你不能控制對方飲酒的問題：那是他們自己的決定。你可以勸說飲酒過量有害健康（既是批評也是事實），但你能做的，就是示範正確的行為。如果你責備對方喝酒，自己卻每晚也喝上一瓶或更多葡萄酒，那麼便很難鼓勵別人戒酒或減少酒量了。

斯多葛哲學家警告我們，莫評判那些我們不可控的事，唯一能批判的，是**我們能決定**的事物 —— 也就是我們自己的行為。

在不過於嚴苛或懲罰自己的情況下，唯一應該批評的對象就是你自己。畢竟你最了解自己的性格，也應該最清楚自己的行為，何以會有某種舉措，以及行為的後果。

愛比克泰德總結道：「我們無從得知人們行動背後的理由，因此我們應耐心對待他人，莫妄下論斷，並認識到自己的理解有局限性。」

雖然很難，但你不能受他人酗酒的影響。當然了，你可以試著說服對方戒酒，但勸過後，就沒必要為他們的行為糾結、起爭執或苦惱了。人只能直接控制自己的舉止，不是他人的言行。

● 該用何標準判斷？

努力找出事物的真相，並超越自己的主觀判斷，是活在現實中的關鍵。

馬可・奧理略寫道：「我們所聽到的一切，都是一種意見，而非事實。我們所看到的一切，皆為一種觀點，而非真理。」

如何才能受理智的引導，而非被欲望或判斷左右？如何活在現實中，而非活在幻想的世界裡？如何保持清醒，而非混沌？如何認清世界的真貌，而不是偏聽偏信？

如何看待並處理周遭的世界，會因人而異。我以自己的角度去觀照世界，世界透過我的感官流入我心中，因此我所體驗

的一切，皆來自我的感知。這一切如此自然──一切認識與判斷皆從自己出發，我甚至不會質疑自己的看法。個人的盲點，端視我們在體驗世界時，以自己為中心的程度而定。我們把自己當成演出的明星；我們的認知決定了演出的內容，身邊的人則是我們生活戲碼裡的合作演員或配角。

我們很少檢視自己的認知，所以聽到周邊每個人都以為**他們**才是這場人生大戲的明星，而我們只是他們生活裡的一個小角色時，可能會覺得刺耳。每個人都活在自己的世界觀裡，才會覺得很難與人建立真正的聯繫；我們很容易感到分離或疏遠，或當其他人未能按照**我們的**認知和期望去對待我們時，會感到失望。

認知的概念非常重要，理由有許多。

● 你的認知可能是錯的

你的認知有可能是錯誤的，致使你無法看清世界的真貌，僅根據自己的錯誤立場或投射去解讀。在不對稱的關係中，很可能出現這種情況──當你對他人投入的感情，比對方更多時，還挺常見的。也許你把某人當成特別的朋友，或覺得他特別理解你，你們的關係比其他人的友誼更加緊密，結果卻震驚地發現（這種狀況比想像中更頻繁），人家根本不怎麼在乎你！你們的現實世界不在同一個頻道，他們雖是你戲碼裡的主要合作演員，但你在他們的人生大戲中，只是個跑龍套的。麻

省理工學院媒體實驗室的阿布拉‧艾馬圖（Abdullah Almaa-
touq）與同事在2016年的研究中發現，我們的友誼中，只有半
數是對等的：「在分析多項實驗的自我報告關係調查後，我們
發現，我們以為大多數的友誼應該是對等的，但實際上，僅有
一半是真正的惺惺相惜。這些發現顯示，人們之所以拙於辨識
友誼的對等性，很可能是因為不對等的友情，挑戰了一個人的
自我形象。」這種盲點，得歸因於錯誤的認知。

● 想法不同

　　了解身邊的人解讀世界的方式，可能有極大差異——有些
可能是錯的，有些是正確的——有助於我們更嫻熟地駕馭群體
生活。這點也能幫助我們理解社會的歧異，從家庭勞務的分
工、養兒育女，到疫苗授權與選舉結果等各個層面。

　　在這個假消息、錯誤資訊泛濫成災，民主核心和**真理的概
念**深受其害的年代，審視自己的認知與信念——再三檢視，並
仔細盤查——變得比以往任何時候都重要，了解他人有不同的
觀點和現實狀況，並做出相應的行為，這點也同樣地重要。也
就是說，人們會認為自己的觀點和行為才是正確的。如果我們
能看清其背後的起因，即使他們的出發點是錯的，或我們不認
同的，我們也能夠理解，甚至同情他們。我們能運用理性，釐
清他們的觀點以求得真相。

• 改變認知

你可以調整關注重點，使思路更清晰，了解自己的認知和在世界的位置，能有所改變與提升，從而改變自己對世界的體驗。問問自己：我們把多少情緒和判斷套用在現實生活裡？莎士比亞在《哈姆雷特》中寫道：「事物本身並無好壞，是思考決定了它的善惡。」這話呼應了斯多葛哲學的信念。認知可以因新的資訊、嚴格的自我審視、擺脫幻想與一廂情願的想法，而得以轉變。這個過程包括檢視你對某種情況或個人所產生的情緒和判斷，因為你有可能沒看透。

想想上次喜歡某個人的情景。最初你覺得對方是你遇過最帥氣、最機智、最聰明的人。可是等迷戀消散後，觀點也隨之改變——迷戀的對象跌落神壇了。我們開始注意到，他們總是顧著講自己的事，或鼻子長得歪歪的。無論如何，對方還是同一個人，只是你的感受變了。許多靠著互相誇讚，想像對方優點的戀愛關係，便是如此。一旦幻想或認知的魔法消失了，關係也會不同。

當你以理性和推理，認真審視自己的觀感時，結果就像戴上一副更清晰精準的眼鏡，你可以看得更明白了。一切變得更加明確，包含前進的方向。當我們能看清事物時，便也能從困境中看到出路或克服的辦法。

就像之前討論的許多事情一樣，改變我們的認知，使之與現實相符，而不是單憑我們的主觀體驗，這需要我們有意地去

覺察當前的情境，並審視自己的思維（包括我們的偏見與動機）。

讓生活展現

覺察現實，意味著避免將個人的問題、希望、渴望、遭遇、群體身分認同和不滿，加載到我們的認知上，而是讓生活自然展現，並透過理性去審視它。

可惜大多數人都不是這樣的。現實是展開了，卻也困住了。我們在現實中堆疊各種自己的判斷；強大的潛意識影響了我們的思想與行動；我們擁有記憶和觸發因素；我們在當下所渴望或想要的東西，都超乎此刻所能供給的；我們有反應、投射和被觸發的舊傷。

我們幫身邊的人事編造故事，也正是這個故事，而不是事物本身，引起了我們的不安或欲望。塞內卡說：「干擾人們的不是行動，而是對事物的錯誤概念，教人發狂。」

塞內卡所說的「錯誤概念」，就是我們腦中建構的那個故事。或如愛爾蘭詩人葉慈在《馬戲團動物的大逃亡》中所言：「令我陶醉的是夢境本身。」這個故事，這個夢境，或這番陶醉，經不起任何理性的測試，它是一種幻想。馬可·奧理略寫道：「重拾自己的感官，喚回自己，再次醒來。現在既然意識到只有夢境在困擾你，那麼就像看待你的夢一樣，去檢視這個『現實』吧。」

了解現實,避免痛苦

許多不同哲學和宗教,都把個人錯誤認知所造成的問題和危險,融入其教義中。

偉大的心靈導師深知與現實(或自然)脫節的認知,所造成的痛苦。

耶穌會會士安東尼・德・梅洛(Anthony de Mello)表示,一個人能做的最大轉變之一,就是認清「現實」,而不是活在主觀認知的幻想裡。他說:「醒來吧。當你準備好以現實替代幻想,以事實交換夢境時,才能找到一切。這時生活才終於有了意義,生命才變得美好。」

那難道不是大家想要的嗎?美好的生命?

看清真實世界(德・梅洛所說的「現實」;馬可・奧理略所稱的「醒來」),是斯多葛主義的關鍵內容。馬可・奧理略在日誌中說:「第一條規則是,保持無憂的心態。第二是直接面對,並了解事物的本質。」(或像麥可・康寧漢在《時時刻刻》中〔Michael Cunningham,*The Hours*〕,映照斯多葛主義的那一段話:「直視生活,始終直視生活,認識生活的本質,最終了解生活,熱愛生活本身,然後將其輕輕放下。」)

直視真實狀況、仔細看清,明白地面對事物是減少苦難的關鍵,並不會增添痛苦。我們害怕面對現實會帶來痛苦,特別是當它令人恐懼,或戳破了我們對生活的幻想。常見的例子,可能是診斷出一種預後不佳的疾病,或許只剩下三個月壽命。

誰會願意赤裸裸地直接面對這種消息？難道不該更委婉地得到
一些希望嗎？但面對艱困，需要的是勇氣，而不是淡化現實。
我們需要知道實況是什麼，然後勇敢地以智慧面對（唯有真相
能培育出智慧），才能克服困難。

現實不會傷害我們

我們往往不願看到現實，因為我們覺得現實可能會傷害我
們或增添煩惱，其實不然。停止活在幻想世界，是種解脫；**認
清現實**最後反而能減輕痛苦。我們若直視現實，便不會有驚奇
或不安，因為一切都擺在我們面前了。卸下玫瑰色的眼鏡，看
清我們將經歷的這個世界，有苦有樂、有失有得、有生有死，
是思路明晰的關鍵。

當我們全心面對現實，會發現自己不再被事物牽動，因為
我們一直用清晰的認知正視它們。馬可‧奧理略談到這種清明
時表示：「對生命中的大小事大驚小怪，是多麼荒誕而奇怪的
事。」

評判自己的標準

以上是我們看待現實該有的方式；那我們又該如何看待自
己？一樣要清楚務實，但我們應該用一套內在準則，去衡量自
己和自己的進程。斯多葛學派按照斯多葛原則去評量自己，他

們自問：我是否遵循自然法則？是否運用或培養智慧、節制、公正和勇氣四種美德？我心是否寧靜？是否發揮理性？我的品性是何種狀態？

為了對自己做有效的判斷（而不是衝動盲目地做出負面評斷），斯多葛哲學家努力地寫日記、冥想和自我檢討。

塞內卡每晚寫日記，反省自己的一天，檢討自己的行為，思忖著是否能夠改進。眾所周知，馬可・奧理略在一本名為《給自己》（又名：《沉思錄》）的日記中，寫下個人的想法和觀察。這本日記是根據斯多葛原則，對自己一日中各種品德考驗的反省。

世上古今中外人士，皆曾經從《沉思錄》中求取慰藉、指引和清醒。

平衡情緒與理性

我贊同哲學家瑪莎・納斯邦（Martha Nussbaum）的觀點：情緒是複雜的，情緒不是單純的「不經大腦的衝動」。我也同意安德魯（以及克利西波斯）的看法，認為放慢反應和判斷的速度，能帶來更理性而不衝動的反應。這對我們自身和他人，以及整個社會都很有好處。世上需要少一點憤青與酸民（我會在下一章〈如何保持冷靜〉中詳加討論憤怒，因為斯多葛學派投入大量時間精力研究憤怒）。

放慢情緒反應，並不等於忽略強烈的直覺感受，或變得沒

有情緒。斯多葛學派盡心去體驗喜悅和滿足等情緒，但也小心翼翼地保持平穩的情緒。他們質疑可能會造成不悅的負面評斷。若能消除不愉快的情緒，豈不是更好？你難道不想過上充滿正面能量和喜悅，很少負面情緒和痛苦的生活嗎？如果你能努力掌控自己的判斷，這是可能辦到的。

監督自己的判斷，便不會容易生氣，且更有可能保持我們想要的寧靜狀態。我們討論過，斯多葛學派極其看重寧靜之心，他們活在殘酷的時代，許多事由不得人。但古希臘和羅馬的斯多葛哲學家，皆是思維縝密的思想家，他們認知到，若能維持寧靜的基調，便不至於被不可控的事物撼動，而受到傷害，他們可以讓珍貴的一生，在世間發揮最大的作用。

斯多葛學派力求活在現實中，而非虛幻的世界裡。他們知道人的思想與想像，會營造出讓人鑽牛角尖的不實傷害：想像出來的輕視或侮辱，老早以前的積怨和不快（例如誤解同事不友善的問候）。誠如塞內卡所言：「想像所帶給我們的痛苦，比現實還多。」我們會受多少苦，其實取決於自己。

該死的欲望

關於判斷，我一直有個跨不過去的檻，那就是欲望。我們從生物學、潛意識及神經學上，本能地會渴求某些事物。欲望強烈時，甚至會無法抑制，縱有再多理智，也不足以擺脫某些欲求，尤其是戀愛與性欲。而且還有一個問題：我們究竟想不

想擺脫七情六欲？瑪莎・納斯邦的疑問不是沒有道理的，如果你對激情有疑慮，又如何擁有熱情洋溢的人生：「一個人可能活在理性的王國中，用斯多葛的理解方式去觀照事物，而仍然活得像個充滿驚奇，懂得悲傷和愛的人嗎？」

我想成為一個充滿驚奇，懂得悲傷與愛的人，否則人生實在很沒意思。

在生命盡處，我們應該因愛而疲憊——不是如履薄冰地過完一生，而是全心地投入過。但激情四射的生活，如何與強調理性的斯多葛主義相融？

我們可以試著訓練自己率先做出理性的反應，但**總是如此**，也不現實吧？當你看到真命天子的第一眼時，或孩子出生的那一刻，你知道自己必要時會願意為孩子殺人放火，這又怎麼說？

我認為斯多葛學派對於理性的運用，確實有助於減輕欲望所帶來的痛苦，卻無法完全根除。人類太複雜了，夢想、奇怪的衝動、直覺、口誤、難以解釋的行為，在在指出在我們的意識之下，有個活絡的區域在抵抗理性的運作。

理性思考不是我們唯一在運作的系統，**難以解釋的行為**也是人類狀態的一環。我們不是人工智慧（目前還不是），沒辦法用程式消除我們所有出問題的反應和欲望，雖然古斯多葛哲學家曾試圖用巧妙的方式，設計一個早期版的編碼，協助我們不那麼容易受到愛情的傷害、拒絕、軟弱，以及突如其來的丕變。

　　自從古斯多葛哲學家在幾千年前制定他們的編碼後，神經科學、腦化學和心理學已做過大量研究，欲望是一種強烈的驅動力，且往往是生物性的，輕易便能蒙蔽理性。你或你的朋友，有多少次因為戀愛腦而敗給欲望，最終跟一個八字相剋的糟糕對象走到一起？克利西波斯說要放緩你的反應，給理性留出呼吸的空間。但人類的天性呢？瘋狂去愛，椎心之痛，原本就是我們的本質。

　　我確實採用斯多葛的理性方法，自從展開斯多葛之旅後，的確也不再亂下評斷了。然而一遇到欲望和愛，我就會破功。

　　這不僅僅涉及到愛和與吸引力，還包括悲傷。我們會在part 3 討論悲傷的議題，但我們本性中的獸性與狂野不羈的心靈很難被馴服。然後還有一個問題：儘管愛與悲傷令人痛苦不堪，但我們會願意不愛不悲嗎？

Part 2

生命的荒謬

「從地球到星辰之間沒有捷徑。」

——塞內卡

「回首看看那些帝國的興衰輪替，你就也能預見未來。」

——馬可‧奧理略

「當你認為自己受到傷害，請應用以下原則：如果社會並未因此受到傷害，我也沒有。若是社會受到傷害，憤怒不是解決辦法，而是指出冒犯者的錯誤。」

——馬可‧奧理略

人生是變動不定的，斯多葛學派教我認識了人生的無常和隨遇而安。我離開了塔瑪拉馬的家，那邊的後院有浴缸、高聳的鬼膠樹，屋子大廳燃著鼠尾草束，還有彈奏風琴的房友。轉租期結束了，我該回維多利亞州的家了。空氣中飄著一種變動的氛圍，也許疫情正在逐漸減緩（實際上並沒有），生活即將恢復正常（其實也不會）。我會懷念海灘還有跟安德魯的斯多葛即興散步──但他也要離開這片海灘了。

所有一切，背後都是有原因的。

接下來的斯多葛之旅，我得獨自完成了。套句希卡托（Hecato）的話，「你問我有什麼進展？我已經開始變成自己的朋友了。」希卡托是古希臘斯多葛哲學家，作品如今僅留下斷簡殘篇。

我正在慢慢融入斯多葛主義中，我已掌握了一些基本原則，並將理論套用到生活裡。我開始變成自己的朋友了。

不久我發現自己看待世界的觀點和應付壓力的方式起了變化，這些變化都很微妙，外人幾乎難以察覺，但確實是變了。

我著手用斯多葛觀點看待事物，隨身攜帶筆記本，以便於在焦慮某件事，或需要做決定時，能繪製控制二分法的流程圖，並在我緊抓自己隨時可能失去的東西時，牢記無動於衷的原則。

但我還是很難調整自己的情緒，我的欲望依舊還在，就算斯多葛哲學火力全開，也無法改變這一點。然而如今我明白欲望可能會導向何處了：依戀；冀求某個超出我控制範圍的事物

或人；打亂我寧靜的心。當欲望抬頭時，我試著祭出斯多葛的理性（跟欲望相比，就像是水對油），設法讓自己抽離。

幾個月過去，我發現自己的脾氣也變得更加沉穩了。是因為年齡大了，人比較柔和了，還是因為斯多葛的關係？無論如何，我更加冷靜了。但在大多數情況下，斯多葛主義對我來說，還不是發乎自然，我必須用力實踐，提醒自己去運用它，回歸基本的原理和理論。我覺得有點笨手笨腳——常覺得自己像個學騎車的孩子。

我疲累地想，要到什麼時候，我才能從偶爾實踐斯多葛哲學，過度成**斯多葛人士**？

除了在Instagram上發布斯多葛名言，跟安德魯討論斯多葛哲學外，自從2019年加入WhatsApp群組後，我其實沒怎麼跟別人分享斯多葛哲學。可是2021年中，我的朋友兼同事喬，生了重病，是真的**非常嚴重**。一個月前，喬一直不舒服，她跟我說是「原因不明的胃病」。當時正值2021年雪梨封城，我們在瑞德芬（Redfern）和薩里山（Surry Hills）一帶散步，也就是我們十公里半徑範圍的交界處。那時是寒冬，傍晚的天空灰白單調。聽到醫院狀況嚴峻後，我們談到封鎖期間的生活有多麼封閉：我們各自讀什麼書、煮什麼菜、看什麼、想什麼、觀看什麼串流媒體。一切感覺跟天空一樣暗淡。散步時，

喬看起來有點蒼白，她走得很慢，但除此之外，其他都還好。

　　散步回家後，喬感覺到劇痛，只好再次被送回醫院。經過一週的檢查，發現她有結腸癌，需要動手術，然後化療。喬原本是個健康的三十六歲女子，這無疑是晴天霹靂。喬在我們新聞編輯部人緣極佳，在雪梨媒體界也廣受歡迎，所有認識喬的人都感到難以置信和震驚。雖然我們無法聚在一起，但社區的人齊心協力：大夥為喬做飯、送禮、為她男友送啤酒、送她書，有些人甚至為她禱告。我除了覺得無力之外，還能做什麼？也許……我可以教她斯多葛主義？（雖然事實證明，透過喬的生活經驗，她反而教會我很多）

　　但我還是猶豫了。一個要動大手術，接著要做六個月化療的人，真的會想聽兩千年前死去的老頭們說什麼嗎？這真的能安撫她嗎？很多斯多葛主義都相當嚴苛，絕無妥協。一個渾身病痛，孤零零（新冠肺炎使我們無法去探視）躺在醫院病床上，周圍盡是罹病的人，未必會受到斯多葛主義的鼓舞。畢竟它無法讓人從病痛上轉移注意，而且恰恰相反，斯多葛主義會挑戰喬，要她面對實際狀況。

　　教導喬斯多葛哲學，跟愛比克泰德的話矛盾：「別去解釋你的哲學；要體現它。」古代斯多葛學派與基督徒不同的是，他們並不熱衷傳播自己的信仰，最好連提都別提，默默埋頭**身體力行**，那麼其他人便會有樣學樣地向你學習，而不是聽你說教了。

　　還有另外一個問題，我不是斯多葛學派──總之還不是。

我正在努力，但困難重重。也許學點斯多葛哲學，對我們兩個都有幫助？

　　喬說她有興趣學習斯多葛主義，所以她大部分住院期間，以及後來返家休養的日子，我會在WhatsApp上錄製語音寄給她，這樣她有空時便能聆聽。每份筆記裡都包含一則斯多葛學的教義，從控制二分法開始，然後是無動於衷的態度，以及處理挫折的方式，接著是較現代的生活訣竅，例如應對FOMO，錯失恐慌症[32]，她在擁擠的公立醫院病房裡，就這麼尋找自己心中的力量或堡壘。以下摘自我們WhatsApp上的對話。

　　8月3日星期二　　下午7時13分
　　布里吉德：嘿，喬，我是布里吉德。我錄了一段簡短的斯多葛課，想聽的時候可以聽一聽——不過我先要告訴妳的是，控制二分法……

　　8月3日星期二　　晚上10點35分
　　喬：我好喜歡這個課，應該拿去做播客。

　　8月4日星期三　　上午8點47分
　　布里吉德：早安，喬，還好嗎？這個筆記只是控制二分的一個基礎……我們來看看他們對品性的定義，斯多葛學派相信人可以努力修身，改變品德，他們認為良好的品格包括四項美德……

8月6日星期五　上午7點

布里吉德：早安，喬，希望妳一切安好，手術進行順利，
聽說手術非常成功。好了……來談斯多葛哲學吧。我們已
經談過控制二分法、品性與美德了，今天我們談一談無動
於衷。

斯多葛學派認為，身體健康、財富和受人喜歡，固然是可
取的，但這三樣東西並不為我們所控——擁有這些東西也
許很好，但它們隨時可能被奪走。真正重要的是釐清自己
可控與不可控的事物，若是不可控，就不該為此擔憂。健
康、財富和名聲便屬於那些不是妳能完全掌控的範疇。

8月8日星期日　上午8點05分

喬：現在我都跟上了，很喜歡這些內容。

8月9日星期一　上午10點57分

布里吉德：嘿，同學，妳還好嗎？我坐在家裡，正打算寫
我的專欄，這週要寫的是印尼。我想我們可以稍微談一下
澄靜ataraxia的概念，以及保持內心寧靜的重要性，這意
味了擺脫痛苦、憂慮，保有情緒的平衡……

32 **FOMO**：fear of missing out的簡寫，
　　亦稱社群恐慌症，害怕一旦離開社群網
　　路，就會變成邊緣人。

8月10日星期二　上午10點03分

喬：我並不討厭對健康無動於衷的態度（上週五的錄音內容）。我想那就是我一直努力在做的。雖說妳不可能對生病的事完全不難過和憤怒，但我覺得，接受正在發生的事，對於保持平靜至關重要，這一切都遠超出我的控制範圍。還有，我認為身邊有其他患者的陪伴，讓人較不會感到不公平——因為我沒有比別人更好，也不會比其他可憐的病患更應該擁有健康。

8月11日星期三　上午11點58分

布里吉德：嘿，喬。希望妳今天能曬到太陽，外頭天氣好棒。我想我們可以放鬆一下——我們一直在討論一些沉重的議題——今天來談談輕鬆一點的話題吧，那就是沉思。雖然沉思不是斯多葛學派發明的，但他們經常使用它。所有斯多葛學派的主要成員，都有寫日記的習慣，他們藉此回顧並反省一日的作為，而不是記錄別人對他們做了什麼。假設妳跟我在編輯部起爭執，吵架之類的，但妳若是斯多葛學派，便會在當晚的日記裡寫下自己的事……妳會列出自己的種種行為，而不會劍指對方，因為妳無法控制他人的行為，因此只能聚焦於自己，關注自己做了什麼，以及如何改善……

隨著時日推移，這場對話在WhatsApp上來回持續進行，

雖然我們之間阻隔重重，各自孤立，卻能藉此維繫。

　　我發現幫助他人的奇特樂趣之一，是往往會幫到自己，這是助人為樂的副產品。就像書中的情形一樣，我在八月及九月初發給喬的斯多葛筆記錄音，最後為我釐清了斯多葛主義的實用要素。例如控制二分法。

　　我決定不發送關於死亡和傷逝的筆記給喬，她的病情太嚴重了，之後你會看到，在深陷泥淖時，硬要套用斯多葛學派的悲傷與死亡學說，可能會讓人特別難受。

　　然而對於喬來說，在疫情期間罹癌住院，控制二分法這類技巧則十分管用，能協助她評估自己該擔心什麼、不該擔憂慮什麼。

　　冬去春來，人們三五成群地走出家中，到戶外野餐。我開始思考，除了用在重大問題上，這個哲學是否也能適用於細項。如果我們都能更「斯多葛」一點，我們面臨的一些日常問題，是否便能解決？焦慮會少一些嗎？周邊（有時包括我自己在內）日益高漲的憤怒不滿呢？藥物濫用會減少嗎？斯多葛學派能否有助於消除FOMO（這真是Instagram時代的禍害）？嫉妒呢？對名聲的渴望？甚至不正常的飲食？兩千多年前的立論，能否幫助解決這些非常現代的問題？

如何……

保持冷靜

「任何能激怒你的人,都能成為你的主人;只有在你
允許自己受他人所擾時,對方才能激怒你。」

——愛比克泰德

「療癒傷口,比伺機報復好多了。復仇會浪費時間,
並讓你暴露在更多的傷害下,而不是受一次傷就結束
了。憤怒總是比傷害更持久,最好採取相反的方式。
有人會認為被騾踢或被狗咬,反咬回去是正常的
嗎?」

——塞內卡

2018年，當時我們開車去印尼的伍拉賴機場，那簡直是噩夢一場。我差點看到三次車禍，卻沒有人按喇叭。數百輛汽車和摩托車擠在一條坑坑窪窪的窄路上，路上卻相當安靜。

「怎麼都沒有人有路怒症？」我問司機。

「什麼是路怒症？」他問。

哈哈哈——**什麼是路怒症？**

我為他約略解釋了一下，「那是我們澳洲的說法，像說你亂插隊、不讓別的車子插進來，或沒看見他們，或車速太慢，別人就會對你開炮、罵你、狂按喇叭、追你車、試圖嚇唬你、撞你，甚至想殺死你，以表達不滿。」

「哇，不會吧，大家可能會對其他駕駛不滿，不過大家都會保持沉默。」

我想起以前在雪梨有個同事，因在人行道上險些被撞而痛罵司機，結果遭對方打斷雙腿。那名司機受到斥喝後大發雷霆，下車來把人打到遍體鱗傷。我同事因此好幾個月沒辦法走路，只能坐輪椅。

那就是憤怒。

我們抵達伍拉賴機場，出境的隊伍很長，我身後有一對澳洲夫婦，兩人年約六十歲，煩躁不安地一直挪來擠去，非常焦躁易怒，兩人咒罵其他速度更快的隊伍，咒罵檢查護照的印尼人動作太慢。做丈夫的發老婆脾氣，怪她選了這條「慢隊伍」。他們會錯過航班嗎？不會的，大家都在排隊搭幾個小時後，飛往墨爾本的飛機。他們不斷地指責對方，我覺得兩人之

間劍拔弩張。

　　這些擁有路怒症、不耐排隊，或不滿別人占據你的空間的人，都自覺有一種巨大的特權感。不許別人造成我們的不舒服，如果他們帶給我們不適——即使是瞬間和小小的不適，例如橫越我們的道路，有些人就會陷入暴力和無可抑制的憤怒中。

　　而且這種憤怒有漣漪效應。憤怒的受害者可能採取防禦性反應，或喊叫或反擊地跟著大鬧一場。或者他們在受到震驚和侵略後，整天不高興地對別人撒氣、吼叫。那股憤怒擴散出去了，有毒的漣漪效應影響到更多人。

　　我們卻對憤怒習以為常，我們活在一個充滿憤怒的社會與時代裡，過去幾年，各地的憤怒層級不斷升高，每天都能在家裡、街頭、路上或新聞中看到各式各樣的憤怒。

　　我每年會去兩次峇里島，我很少看到當地人生氣。我的司機告訴我，這是因為印尼有很強的「面子」文化。失控、對人吼叫、大驚小怪，害別人在公共場合尷尬，是很要不得的事，你只會害自己丟臉。但回到澳洲，憤怒總是呼之欲出。印尼人可能會私下表達憤怒，但並不會像澳洲人那般失控。

　　近幾年，我們的憤怒前所未有地飆升；以前被視為極端的情緒，漸漸變得正常，在街頭、家中、螢幕上處處可見，無處遁逃，憤怒成了周圍隱約的背景音。根據《華盛頓郵報》的說法，「實際上，我們活在一個巨大的憤怒孵化器裡。」

　　我們的憤怒年代在疫情期間，進入了新的層次。畢竟，憤

怒是一種表達恐懼和焦慮的方式，許多人已經有兩三年的時間，覺得自己似乎再也無法控制局勢了（雖然斯多葛學派會告訴你，你自認失去的控制力，其實從一開始就不屬於你）。

伴隨無力掌控而來的是恐懼，恐懼會引發憤怒。憤怒可能是一種表達「受夠了」的方式。

你也許覺得自己發怒有理，我們活在非比尋常的時代，因此需要非比尋常的反應。

但這不是事實，據斯多葛學派的說法，憤怒從來不是正當的。

無論憤怒以何種形式表示，對自己和他人都會產生可怕的後果。但你可以控制自己別再發怒，過著更寧靜平和的生活。

放棄眼前快樂，避免日後痛苦

「沒有任何瘟疫，比憤怒能讓人類付出更慘痛的代價。」兩千年前的塞內卡如是寫道。

在他的著作《論憤怒》（De Ira）中，塞內卡提供預防和控制憤怒的建議，在今天仍非常實用。

《論憤怒》是一部鞭辟入裡的作品。斯多葛學派也意識到，釋放憤怒的毒素時，也能從中得到一些快感。但這種快感是有代價的，主要是你的品格可能受到憤怒的扭曲與破壞。最好還是放棄發洩的痛快，不要為此付出更大的代價。

斯多葛學派認為，憤怒是一種「暫時性的瘋狂」，對我們

造成的傷害，比我們想克服的事情更大。

時常爽約的朋友

　　這個問題古今中外皆然。大家至少都交過一位不靠譜的朋友——甚至自己就是那個常搞失蹤的人。這個不靠譜的朋友從來不給你打電話，很少主動安排社交活動，在你最需要她的時候，卻從你的生活中消失。你發現她已經有幾個星期沒打電話給你了，最後四次的晚餐也都是你安排的，甚至你還開車到她住處附近找她。你覺得你們的友誼很不平衡，很不公平。你為此耿耿於懷，越想越氣。與此同時，她對你的痛苦毫無所覺。怒氣在積累，你對朋友極度不滿，再也無法保持沉默了，你非讓她知道你的感受不可！

　　然而你的憤怒對自己造成的傷害，很可能比她的疏忽所造成的傷害大得多。對朋友不滿的結果，例如發一條攻擊性的短信，或在電話裡吼她，可能會讓你痛快一兩秒，但等掛斷電話後，你保證會心情很差。由於受到憤怒的主導，對話可能也會充滿火藥味，她或你都可能會去掀舊帳。一件小事（朋友愛搞失蹤），突然變成了大問題，最終你得花更多的精力去修復友誼，如果當初沒有逞一時之快，只是平靜地表達自己的需求與受傷的感覺，便不會有事了。

　　事實上，在你大發脾氣後，兩人便很久沒說話了，但你們仍然覺得受傷與憤怒，你們很可能忘記最初到底在吵什麼。這

就是斯多葛學派所稱的「受兩次苦」。第一次受苦必不可免：因為你無法控制朋友要不要打電話給你，那是她的決定。但第二次受苦：透過爭吵、電子郵件表現出來的憤怒反應，甚至只是在醞釀憤怒，卻是你**可以控制的**。這種痛苦是自找的，只能怪你自己。

塞內卡問得好：「唉聲嘆氣地讓問題變得更沉重……這有什麼幫助？」

那麼你應該怎麼辦？斯多葛學派對這種情況的回應是，心中有氣時，別找朋友解決問題。事實上，你一開始就該避免生氣（我們一會兒就會討論該怎麼做）。還可以試著勸說朋友，以不同的方式行事，但別期望她能夠做到。

我們為何如此憤怒？

比希臘斯多葛學派早了幾十年，亞里斯多德認為，憤怒的原因是為了償還痛苦。他認為憤怒是最複雜的人類情感之一，憤怒既是一種破壞社會秩序的危險力量，也是遇到不公義時，表達不滿與復仇欲望的方式。亞里斯多德覺得兩者需要有所權衡，而且僅能少少地發洩憤怒。他表示，「任何人都會生氣，生氣很容易；但跟對的人，用適當的力度，在恰當的時間，有明確目的，並以正確方式去表達憤怒，並非人人可及，而且十分不易。」

斯多葛學派對憤怒的看法沒有那麼拐彎抹角，他們認為這

種原始粗野的形式，不該有立足之地。對世界抱有不切實際的
期望，才是憤怒的根源。

斯多葛學派對憤怒的教誨，大多與於如何控制憤怒有關。

你可能會說，「告誡我憤怒是壞事固然很好，但怒氣來得
如此猝不及防，我根本來不及去控制。」

你也可能會說，「是啦，我知道生氣不好，可是我被冤枉
時，將憤怒表達出來感覺很爽啊。」

或者你可能說，「如果我壓抑怒氣，變得麻木不仁，如何
能解決世上的不公和所有問題？」

這些問題同樣困擾著斯多葛學派，他們在許多方面，也處
於一個與我們相同的憤怒年代。

塞內卡在撰寫《論憤怒》時，早已深受重病的折磨，需要
在埃及長期療養。他跟卡利古拉皇帝[33]發生衝突，被流放到科
西嘉島（他懇求皇帝赦免他死罪，理由是他很可能會病死），
而且還被指控犯下通姦罪（也許是誣告）。塞內卡有十足的理
由生氣，卻靠著理性和品德抵制了憤怒的衝動。

在《論憤怒》中，塞內卡充當一名哲學家／醫生，先診斷
出問題（憤怒），然後提供補救方式。這些方法至今依然適用。

憤怒不是我們的天性

斯多葛學派認為人性本善，我們是社會性與集體性的生
物，注定要和諧地一起生活（正如馬可·奧理略所言，「人類

為彼此而存在。」）。

　　憤怒，以及對個人權利和特權的主張，破壞了這種社會契約。

　　塞內卡進一步闡釋其觀點：「人類天生是互助的，而憤怒是為了相互破壞：前者熱愛社會，後者導致疏遠。前者熱衷行善，後者造成傷害；前者對陌生人伸出援手，後者連親密的朋友都攻擊。前者甚至願為他人的利益犧牲自己，後者則不顧一切拖別人下水。」

　　所以當別人激怒我們時，該怎麼辦？很簡單。塞內卡說：「我們大家都是壞人；只有一件事能使我們平靜下來，大家必須同意對彼此寬容。」

　　這句話——「大家必須同意對彼此寬容」，指向一種相互的協議。我們都放下武器，**對彼此寬容**，從最初就別劍拔弩張。

　　在今日這個憤怒的溫床中，一切似乎都會迅速升級，很難看到冷靜的頭腦，如今的我們，比以往更需要保持冷靜。

如何控制憤怒

　　你或許會辯解說：「發怒很痛快，所以應該是很自然的事吧。」

---

33 卡利古拉皇帝：羅馬帝國第三任皇帝。

　　看似自然的憤怒，來自於自覺有理：自己受到冤枉、我們所愛的人受了委屈、脆弱的我們容易受到傷害，或我們正在受苦。路怒症或對不良駕駛發飆，不過是體現了一種感覺——怕被不良駕駛撞死或撞傷，他的行為讓你感到害怕和脆弱。

　　發洩憤怒的代價相當巨大，它會破壞你的寧靜，損害你的品格，因此最好放棄這種宣洩，莫為此付出更大的代價。

　　那麼如何放棄這種宣洩？

　　斯多葛學派果然已經對憤怒整理出一種系統性的回應，讓學生學習如何冷靜地應對各種狀況，發揮理性。

● 從一開始就抵制憤怒

　　塞內卡建議說，要迅速反擊。一旦感到怒由心生，便與之奮戰。他寫道：

　　　最好的辦法，是直接斷開觸發憤怒的起因，從一開始
　　　就予以抵制，並小心地不被誘入憤怒的狀態裡：因為
　　　一旦被憤怒牽著走，便很難重新回到健康的心態，腦
　　　子一熱，理性便毫無作用，而且我們的自由意志已賦
　　　予憤怒一定的權威，它將恣意妄為，不受你的規範。
　　　我再次強調，我們必須迎向這個敵人，在最前線將其
　　　擊退：倘若憤怒侵入城市，闖過城門，便不會允許它
　　　的俘虜局限它的勝利了。

● 檢視自己的情緒反應

　　如何在面對侮辱或冒犯的行為時，阻止自己發怒？透過檢視自己的情緒反應。如同我們在前一章討論過的，情緒有兩種主要形式：一種來自斯多葛學派所說的「感覺」，另一種來自我們自己的判斷。

　　控制情緒並不容易。別人攻擊你時，硬要忍住不回擊，只有超人才辦得到。然而跟鍛煉肌肉一樣，我們可以透過意識來控制憤怒（以及你所有的情緒）。情緒來時你會覺察到它的存在（通常你會感到身體緊繃或收縮），問自己這是一種「感覺」（一種幾乎無意識的生理反應，就像受到驚嚇時的跳躍一樣）？還是經你判斷後的產物？如果你把某件事物貼上好或壞的標記，這就是判斷後的產物。

　　不對問題亂扣情緒和判斷，或延遲、改變判斷，就是在改變以及調整自己對問題的看法。只要你能覺察並審視自己對情況的判斷，這一切便都在你的掌控範圍內（精神分析師榮格〔Carl Jung〕說：「思考是困難的，所以人們才會直接下判斷。」）。

　　延遲判斷是一種認知技巧；你只是放緩思維，讓自己更能覺察所做的判斷。

　　還記得克利西波斯比喻情緒跑得太快吧，他的重點是放慢情緒反應的速度，或至少意識到情緒的產生，並在延遲的過程中，重塑或重新配置自己的判斷。

馬可・奧理略說：「擺脫這種念頭，別再把它們當成侮辱，你的憤怒就會立即消失。如何擺脫這類念頭？了解他們的行動，其實並未真正傷害到你。」

● 問問自己──我是否受到傷害？

我在社群平台X上有個宿敵，我很容易惹毛她。我們倆從未謀面，但幾乎每次我在X上發表奇思異想，她就會跳腳，用一些激憤的言論回覆我，罵我愚蠢、音痴或耍特權。我很想回擊她的挑釁，但我不喜歡她那個樣子，所以也不想看到自己變成她。於是我只能任她隨意發文攻擊我（我無法控制她；只能控制自己的反應），我牢記馬可・奧理略的建議：「擺脫這種念頭，別再把它們當成侮辱，你的憤怒就會立即消失。」

我也記住了斯多葛學派關於死亡和時間的教誨。我們每天都在邁向死亡，時間非常珍貴。跟網路上的陌生人死纏爛打，陷入無謂的爭執，無異於浪費寶貴的時間。

控制二分法與憤怒

處理憤怒時，不妨採用控制二分法。記住：梳理可控的事物，並專注在這之上，不要試圖掌控那些超出你控制範圍的事。當我們對自己的掌控權認識不明時，會因為害怕無法控制（無論是有意還是無意的），而感到沮喪憤怒。我們可能會對著

插入我們車道上的司機發火，而且在車子揚長離去後，仍氣憤難消，雖然我們無能為力，對方也早已經離開了。

憤怒也可能是隱藏恐懼的一種形式。例如，任職的公司要裁員；你因為害怕，變得越發愛控制，很難與人合作，包攬各種專案，不分享，不給諮詢，因為你內心深害丟掉飯碗。憤怒有許多不同形式，包括控制行為、暴力、霸凌，以及一定只有你才是對的。

另一個例子是對他國的政治感到憤怒。以2016年的美國總統選舉為例，選舉結果在進步聯盟陣營中引爆憤怒，對於我這個在美國無投票權的外國人來說，川普執政的那幾年，實在令我氣到牙癢。我在瀏覽社群平台Ｘ時感到憤怒；在新聞中看到他的集會感到憤怒；在閱讀川普相關文章時生氣；對他的政策惱怒不已。過去四年，我大概耗費了數百個小時，花費大量精力，在一些我無法控制的事情上：我無法用選票趕他下台。我明明可以把時間投注在更有建樹、對自己國家更有利的事務上，卻偏要把自己弄得狼狽不堪。

問問自己：我是對某些我能改變，而且可以掌控的事情生氣的嗎？

若是如此，也不表示你可以亂發脾氣。沒有什麼事是可以的。這只表示，你可以試著用一種更有建設性的方式去參與。

別忘了，你能控制的事情只有三件：

》你的品德
》對待他人的方式

184

》你的行為和反應。

處理憤怒

● 表達自己

避免憤怒不表示態度被動，反而是用一種既能傳達訊息，又不破壞內心寧靜的方式，來堅持自己的原則。例如幾年前我住在墨爾本時，樓上公寓的暖氣片故障，結果屋頂漏水，滲入我的公寓。那天是星期日，鄰居似乎不願意付錢找水電工過來，她好像不在乎我家屋頂有崩塌之虞，還說隔天早上再叫水電工來就好了。她對本人的公寓漠不關心，令我怒火中燒，我覺得身體發熱。跟她談話時，我的呼吸變淺，怒氣升騰，但我沒有發飆，而是等怒氣散後，才以堅定且禮貌的語氣，堅持請她叫水電工來，並解釋若是不及時處理，我的公寓會有什麼後果。堅定的語氣和充分的解釋，便足以促請鄰居採取行動了，根本不必起爭執或侮辱對方，因為這會破壞原本中立的關係，使鄰居產生防禦心而不肯合作，甚至樹敵。

要明察人際關係中，沒有表達出來的憤怒。憤怒的呈現方式很可能是嘮叨、被動式攻擊、抗拒、自憐、悶悶不樂，或以各種方式懲罰對方。你應該等怒氣平定下來後，再以理性的方式表達自己的感受。

罪惡感與羞愧感

對自己生氣可能會演變為罪惡感或羞愧感。斯多葛主義根本不碰這些情緒（基督教興起後，罪惡感或羞愧感變得流行起來）。斯多葛學派對品德有明確的看法，你可以掌控自己的品德。羞恥感毫無價值可言。你的品德若是有缺失，就努力修身養性，讓美德來指引你。

正如馬可・奧理略所言：「別再浪費時間討論什麼是好人該有的樣子了，身體力行就對了。」你也可以當個好女人，或單純的好人。

● 避開社群媒體

斯多葛學派認為憤怒會傳染，也就是說，若是在類似暴動的情況下，他人的憤怒很可能感染到你。今日的暴徒都聚集在何處？網路上。更具體地說，在社群媒體上。

當然了，斯多葛學派當時並不需要處理社群媒體的問題，但他們是深思熟慮的社會人士，研究過暴徒如何煽動憤怒這類激昂的情緒（他們對社群媒體這種讓全世界互相交流的工具，必然會非常著迷），深知不能隨便受到煽動的重要性。哲學家常常成為犧牲品，例如西元前399年，陪審團決定處死蘇格拉底，讓他服毒自盡，罪名是「腐化年輕人」。

我們無法控制他人的憤怒，但絕對能控制自己的怒氣。

我們可以採取一種積極的方式，來管控自己的憤怒，那就是遠離煽風點火的社群媒體。X和Facebook在這方面是毒性最強的平台。人們整天掛在網上為瑣事爭論不休，而且往往揮著社會正義，或某種他們贊同的理念大旗，可是他們並未意識到自己在社群媒體上的「作為」，只能為平台壯大聲勢，卻對特定時間點以外的現實世界，影響甚微（即便如此，有人會在X上被說服，採信不同的觀點嗎？恐怕很少）。

● 別嬌氣

塞內卡認為，如果我們過於敏感，受到過度溺愛或保護，便會很容易發怒，因為我們會認為被嬌慣是理所當然地。

我們也許覺得很多事都難以忍受，因為我們沒有受過足夠的鍛煉。我們可能會被塞內卡所說的「庸俗的瑣事」弄得一肚子火，例如半溫不熱的飲料，或餐廳的菜不合口味，我們便拿侍者出氣。

塞內卡警告說，「憤怒逗留的時間，比傷害本身在我們身上延續的時間更長。」（即一頓溫飯菜對我們造成的傷害），並表示，如果我們不再那麼理所當然，對簡陋安之若素，我們就不太會生氣了。

我們越習慣簡陋（參見〈如何應付災難〉一章），當事情未如人意，無法臻於完美時，我們便越能不受到干擾，少些憤

怒。

　　斯多葛學派在其教誨中，為學生提供了幾個務實的練習，讓他們習於這種不適。其中包括努力適應令身心不舒服的狀況，像是光腳走在炎熱或凍寒的路上，在天寒地凍的戶外不穿毛衣，不帶雨傘，睡在地板上，或吃半冷不熱的粗茶淡飯。

　　斯多葛學派的訴求重點是培養韌性。

　　這種韌性在逆境中，能保護斯多葛學派的人。斯多葛哲學家莫索尼烏斯・魯弗斯遭到尼祿皇帝流放時說：「流放者還是能擁有道德、勇氣、自制力或智慧。」他沒有因流放而憤世嫉俗，反倒看到其中的好處。他不僅能體現自己的美德，還把流放當成養生的好機會：「其他那些因驕奢淫逸弄壞身體的人，因為流放而恢復了健康。」他說。

　　現代斯多葛學家威廉・歐文（William Irvine）認為，政客和心理學家把現在的人看成一群沒什麼能力的嬌客，他說：「性情堅韌的人會拒絕扮演受害者的角色……她或許無法控制自己是否會成為不公義的目標，卻能控制自己變成箭靶後的反應。她可以讓不公義毀掉自己的一天或一生，或設法繞過這些障礙。」

　　這種人不會浪費時間去生氣，去糾結不公的待遇，相反的，她會在逆境中尋找收穫。

• 別好奇別人怎麼說你

不要好奇自己有什麼聲譽，因為你可能會發現一些激怒你的事，塞內卡在《論憤怒》中建議道。這個建議至今依然適用，可當成是一種警告，別在Google上面搜索自己，或到社群平台X上搜尋自己的名字。這樣做沒有任何好處，只會打亂你的寧靜。

「看到一切，聽見一切，對一個人並無益處。許多冒犯可能從我們身邊擦過，若我們毫無所覺，多數冒犯便無法擊中我們的要害。」塞內卡寫道：「你想避免發怒嗎？那就忍住好奇的衝動。一個拚命想知道別人中傷他什麼，誰在背後對他說閒話，即便是私下探聽，也會破壞內心的寧靜。有些話，會被解釋成帶有侮辱性的⋯⋯」

即使你很信任伴侶，關係極好，也不能查看對方的手機和電子郵件。你一定會找到一些困擾你，和一些容易誤解的東西。切記保持寧靜的重要性。

• 延遲、延遲、再延遲

塞內卡說：「治療憤怒的最佳良方，就是等待，這樣怒氣才可能平息，讓遮蔽心智的迷霧消散，或不再那麼濃密。」

這種古老的延遲技巧效果挺好，你只需別讓情緒占上風，讓理性跑在口不擇言之前即可。你需要踩煞車。

因此……如果你明顯地感覺到火氣就要上來了（你會知道的，因為你的心跳會加速，脈搏增快，臉色漲紅，呼吸緊促），請先深吸幾口氣。藉這關鍵的幾秒鐘，給自己一點空間，讓你的理性追上你的情緒。

除了深呼吸，你還可以離開房間，掛斷電話（先解釋自己情緒太過激動，沒法繼續談話），或回覆一則令你生氣的短訊、郵件，但把回覆先擱在草稿匣裡。

你是在為自己爭取寶貴的時間，讓情緒冷卻，並找到一種不會損害你或其他人的互動方式。

如果你覺得快被憤怒的生理感覺壓倒了，只需提醒自己，即使是最強烈的情緒和怒氣，也會很快過去。

塞內卡說：「有些令人無言以對的冒犯，會在一個小時內平息，而其他事在一天內也會徹底消失；如果延遲對你無效，那麼此時主宰你的顯然是判斷，而非憤怒。如果你想確認事物的本質，就把它交給時間吧：因為大海在風狂雨驟時，你什麼也看不清楚。」

● 不動肝火，善用憤怒的能量

憤怒蓄含了許多能量，也許我們原本覺得麻木或六神無主，因此發頓脾氣感覺還不錯。發火可以產生顯著的淨化效果，就像一場燒毀密林的大火。當然了，我們都知道，逞一時之快可能會產生嚴重的後果，所以要訣在於以正面的方式，利

用憤怒的能量。

我們可以利用憤怒的能量去創造改變，激勵自己走出不健康的狀態或有害的關係，不必與對方大動干戈。我們能反過來利用憤怒的感覺或情緒，提醒自己，生活也許需要改變了，將憤怒化為一種直覺或指引。我們感受到憤怒後，接著使用塞內卡建議的延遲技巧，避免做出反應。一旦用理性冷靜地檢視後，初期的強烈感受可能會提供一些線索，釐清我們有哪些不滿、挫折，或哪裡需要改變。不生氣，**不等於**放任不管，憤怒的衝動包含了一些重要訊息。一開始的憤怒也許表示我們需要採取行動，例如擺脫某種情況或人、結束一段關係、換工作或更換團隊。若發現自己對失敗的制度或現狀感到憤怒，還能推動我們更積極地參與社會正義的議題（「黑人的命也是命」和#MeToo運動，就是利用對現狀的不滿，推動社會改革的最佳範例）。

正義是危險的

憤怒還可能包含了正義感的因素，正義感會進一步推升憤怒，讓人覺得一定要向對方表明自己才是對的，而他們是錯的。

認定對方的「錯」，是一種將自己的憤怒合理化的方式，你若從對方的觀點去看，大多數人其實不覺得自己的行為是完全錯的。以他們的立場而言，他們的行為總有理

由。沒有人會真的把自己看成「壞人」──連壞人自己都
不例外。很多人有解釋行為的理由，你若指責他們錯了，
對方很可能不認為自己有錯，而跟你槓上。雙方各執己
見，都不讓步的情況下，便鬧僵了。馬可·奧理略勸道：

> 如果他們做的是對的，你便沒有理由埋怨；若是
> 錯的，必然是非自願且無意的。因為誠如蘇格拉
> 底所言，「沒有人會故意拒絕真理。」很少有人
> 會刻意虐待別人。這就是為什麼有人指責這些負
> 面人士不公不義、不懂感恩、小氣或不知敦親睦
> 鄰時，被指責方會覺得受到侮辱，因為他們真的
> 沒有意識到自己的錯。

● 有害的男子氣概

馬可·奧理略在《沉思錄》中經常談到憤怒，因為這是他
在自己的生活中，極力想控制的問題。他發現「男子漢」的特
質不是憤怒，而是保持冷靜的能力。保持冷靜需要更大的力量
與自制力，這比逞一時之快地亂把憤怒和挫折發洩到別人身
上，難度更高。

「當你感覺怒氣即將爆發時，記住這點：發怒並不是男子
氣概的表現。相反，溫文有禮才更具人性，也更男子漢。一名

真正的男子漢不會被憤怒和不滿蒙蔽，這種人堅強、勇敢又有耐力——不像那些憤憤不平，滿腹牢騷的人。男人越能冷靜自持，力量便越強大。」他寫道。

● 假裝生氣

父母師長特別了解假裝生氣的好處。他們用這種方式，向那些可能需要指導或守規矩的人（如孩子）傳達訊息，但又確保自己不會動怒。假裝生氣是一種能傳遞強烈訊息，同時保有寧靜和自我控制的方式。也許孩子在你開車的時候解開安全帶，或某個學生上課時對其他學生亂丟東西，嚴重干擾課堂。遇到這種情況，你必須盡可能有效地向他們傳遞一個訊息——這種行為是不容許的。在這些情況下，假裝生氣能起到幫助的作用，然而與同儕或伴侶交談時，就不能用這招了，否則很可能火上加油，問題越演越烈。

社會正義

避免憤怒與實現社會變革，兩者之間要如何調和？我在學習斯多葛哲學時，經常問自己這個問題。

事實上，我跟安德魯在辯論及討論斯多葛哲學的優點時，反覆探討的主要就是這個問題。我們兩人都認為，在推動社會正義方面，斯多葛哲學存在重大缺陷。

　　如果消除憤怒使你變得消極，對社會正義無動於衷，又有何用？假如你一心忙著培養寧靜，又如何能反抗不公？這跟有些人對佛教的批評相同：那就是，不執著表示心境放鬆平和，但你對周遭人的義務呢？你在社會變革中必須扮演的角色呢？

　　就斯多葛主義與社會變革一事，我們經過兩年的辯論後，發現不憤怒和政治運動，並不需相互排斥。實際上，如果你能運用斯多葛學派技巧，包括憤怒的控制，更可能有效地推動正義和改變。控制憤怒，能幫助你建立共識與聯盟，用清晰而令人信服的方式表達自己的立場，不致過度焦慮；擁有理性思維，能使你制定行動計畫，以盡可能和平高效的方式去實現變革。

　　古斯多葛哲學家在政治領域占有重要地位，他們認為人類是社會性動物，彼此相互依存，且人人平等──包括男女性，奴隸和自由人。這些相對進步的信念（就當時而言）──主要為我們是社會性動物，以及斯多葛的重要美德之一，「正義」──意味著社會的變革，是可以融入斯多葛哲學中的。

理性思維

　　誠如馬可・奧理略所言，「一個人心態越冷靜，力量便越強大。」

　　斯多葛學派之所以不遺餘力地迴避憤怒，原因之一就是憤怒會扭曲理性。例如：你在看足球賽，有人走路不看路；踩到

你的腳，還轉身把飲料灑在你身上，甚至連聲道歉都沒說！如果你用理性思考，可能會接受這場意外，把自己擦乾淨，知道對方無理，卻一笑置之，因為你不能控制別人禮不禮貌。你也許再也不會去想這檔事了，甚至在五秒鐘後，忘記曾經發生過這件事。但是如果怒氣，或者比憤怒更強的暴怒，殺出來保護你，不爽被飲料灑到，而對方又不道歉呢？暴怒會說：「你竟敢這樣對我，你這個笨蛋！」（或罵得更凶）

對方被激怒了，說不定極度不爽地把整杯啤酒扔向你，或把玻璃杯丟到你臉上，賞你老拳。

這一瞬間，你的理性完全被非理性的憤怒攻占了，你可能會被趕出足球場，或被送上法庭。你的一天，甚至是你的一生，都會因為怒氣攻心給毀了。

但你始終可以選擇使用自己的內在武器：你的理性。

你也可能惹人厭

馬可・奧理略還必須提醒自己，把惹怒你的人「異化」或妖魔化，是徒勞無功的，因為如果你的同胞犯錯，或以煽動性的方式行事，那麼你可能也犯了錯。

他寫道：「你與他們並無不同，你也以各種方式惹怒了別人。」這是一個重要的教訓，教你別自命清高。就算你能控制自己的憤怒，也要意識到自己可能惹人厭煩，就像其他人可能被你討厭一樣。在這種情況下，我們可以像塞內卡所建議的，

「同意寬容地對待彼此。」

如何……

節制

「只要什麼都滿足不了你，你就也無法滿足別人。」

——塞內卡

「為止飢而食；為解渴而飲；為禦寒而衣；為免除個人的不適而居。」

——塞內卡

我與酒的關係素來已久。我有過一些酣暢的夜晚，但接下來的幾日（拉上窗簾，床頭櫃上擺著大罐滴水的可樂，吃普拿疼時擠藥囊的聲音），就是蒙頭大睡，試圖擺脫那種暈沉的疲累感。

直到最近，我一直開心地依照溫斯頓・邱吉爾的話過日了：「我從酒中獲得的好處，多過於酒從我身上取走的。」

可是現在，酒正在毫不節制地削減這種好處。

最近我坐在朋友蘇茜家的後院，心情煩躁到不行，因為前晚我只斷斷續續睡了四個小時。

「真搞不懂；我又沒喝那麼多酒，結果半夜醒來──準確地說，是凌晨 2 點 23 分！然後就再也睡不著了，感覺就像在消化一塊磚頭。」

我最近經常這樣，酒精在摧毀我，哪怕只喝一點，第二天都會覺得需要戒酒。

以前我總以為，自己會在被逮捕、對重要人士出言不遜、從登機梯上摔下來之後，才會去戒酒，然而實際非常平淡無奇，我就是沒辦法再像以前那樣消化酒精了。我會在奇怪的時間點醒來，感到噁心。星期五喝過酒後，宿醉會持續到下星期三，彷彿我這副享受飲酒多年的身體，就這樣子⋯⋯停擺了。

這變化來得如此突然，以至於我開始懷疑每個人的一生，都配給好一定的酒量，而我在未及遲暮之年，便用光自己的配額了。

「我們得找點新玩意兒，」蘇茜說，「所以我一直在

想……笑氣³⁴怎麼樣？」

「笑氣？」

「是啊，笑氣。」笑氣是邦迪一帶的青少年，天黑後在公園裡吸的玩意兒。我在海灘散步時，會看到成堆散落在樹下的空罐子，但我們早已不是青少年了。

「不要，我才不要吸笑氣。」我說。我在腦海中搜尋下一個能提振精神，但又不破壞身體的可靠多巴胺（或者說可靠的不可靠）。除了微量用藥或淡啤酒之外，我實在想不出別的，除非……節制用度？也許我可以用很少的量，去享受過去量大時才能享受的東西。

節制，節制……我喃喃念著這個陌生的詞語，也許答案就是節制。但我該怎麼做？

我跟身邊所有認識的人一樣，在重度飲酒的文化下長大。我在鄉間的沿海小鎮度過青少年期，基本上爸媽一不在家，我就去參加各種狂歡派對，到某人家的牧場，在銀河的洗禮下喝著碧綠色的甜雞尾酒。我在鐵軌旁的遊樂設施上，嘗了第一口波本威士忌，我從爸媽的酒櫃裡拿甜苦艾酒喝，在旅行拖車營地將波特酒跟碳酸飲料混著喝，沙灘上的炎熱夏夜，感覺像天堂，飄著鹹鹹的海風和海草的氣味。

上大學後，我喝得更凶了。炎炎二月天，從我們踏入校園

的那一刻起，喝酒遊戲和儀式就開始了，空氣中瀰漫著濃郁的桉樹香。三年晃眼即逝，充滿了各種正式晚宴、廉價的波特酒、海量的啤酒、宿醉和蹺課——午餐很晚才吃，一邊倚在大圓桌旁，分享前一晚的八卦。

然後我進入鄉下的律師事務所工作了。人們經常喝酒。週四和週五晚上，都在港邊附近的廉價酒吧度過，當地的員警、罪犯和律師全都跑去那邊藉酒發洩。

後來我跑去幹記者，在雪梨待了幾年。想跟老練的社會記者、排外的攝影師、工作超載的版面編輯拉關係嗎？當你年紀輕輕，沒啥本錢跟資深同事交換籌碼時，透過能請他們喝一杯，在酒吧裡聆聽他們的故事。

好幾年就這樣過去了，接著幾年，又過了幾年。

這期間我想過，有天會有個人拍拍我的肩膀，帶我進入一個安靜，色調淡雅的房間（牆上掛著他們的節制文憑），讓我坐下來，然後表示：「妳在這個年紀和人生階段，應該要更加節制了。人生就該這樣。」

可惜那一天從未到來。我在飲酒方面接受了洗腦、漫長的學習與培訓（而且我過關了！我成績優異地通過所有的酗酒考試！！），從來沒有節制過。

從來沒有人告訴我：「這就是節制的樣子。」

34 **笑氣**：即氧化亞氮，一般用於牙科手術，能產生快感

　　當然啦，你可以義正嚴詞地說：「你傻呀！！這種事還要人說嗎！你只需放慢速度！別再喝那麼多酒！還有不要隨時隨地想吃什麼就吃什麼！」

　　節制說來容易做起來難。而且，我們從未被推銷過節制的概念。飲食減肥就不一樣了，你會突然轉變，徹底改變自己的飲食習慣（不吃碳水化合物！不吃糖！不吃乳製品！素食！果汁斷食！），然後快速收效，即時滿足你的需求。但節制是緩慢漸進的，它不是資本主義工業健康體系中的一環，因此不會一遍又一遍地強加推銷給我們，直到我們受到誘惑，或忍不住掏出信用卡，去上節制的課程。

　　自從快速減肥的中國藥方引進，本人大幅減重後（然後又復胖），我經歷過許多虎頭蛇尾，為期短暫的健康熱潮，這些都讓我荷包空空，效果卻無法持久。

　　其中包括私人健身房。我**每天**去見一位教練，由營養師監督生酮飲食，我一天只吃一頓高脂餐，其他什麼都不吃，還有一個應用程式，我得費心計算每種放進我嘴裡的大量營養素。

　　可是如果我試著節制？試一試無聊、單調、不性感，但合理的節制法呢？

　　因為身邊有人能教我，實際上，有很多人能夠教我（雖然他們都已經去世了）。當然啦，他們就是斯多葛哲學家，這些人認為撙節是重要的生活方式，是一種美德，他們稱之為「temperance，節制」。他們將享樂，包括喝酒和享受美食，當成是可有可無的事。

為何那麼做？

羅馬時期斯多葛人士的生活環境，與我們頗有雷同之處——享樂主義、富饒、物資過剩。羅馬人熱愛狂歡！因此斯多葛人士思索並撰寫了許多關於如何抵制誘惑和實踐節制的文章。來自帝國各地的異國食物，野果、蜂蜜、山珍、冰塊和刺激的辛香料，用一種古老的里數累積方法，運送到首都。尤其是酒和食物，在斯多葛人士的心中占有很大的席位，斯多葛主義最誨人不倦的一些教誨，都與節制有關。

但在我開始論述節制之前，先警告一下，那就是並非每個人都能做到節制。這與性格缺陷無關，而是由一系列複雜的因素造成的，包括環境因素、大腦化學物質和成癮的傾向，當時的斯多葛學派無法理解。有些人一碰到酒（或其他成癮行為），就無法「關上開關」，戒酒無名會（AA）有句老話：「一杯太多，但千杯還不夠。」對這群人來說，節制是困難，甚至是不可能的。對他們而言，最好的辦法（我講的是酒精），就是徹底戒除。

在斯多葛主義的四種美德中，節制（或適中）聽起來是最謙卑，最容易達成的。但事實證明，至少對我來說，節制是最難掌握的美德之一。勇氣往往是反應式和出於本能的，視當場

情況激發而生，也許是衝到鐵軌上救小孩，或躍入浪濤中拯救溺水的遊客。智慧通常伴隨歲月慢慢積累；雖得之不易，卻是經年累月修築而來，直至成為自然本性。智慧不必每天付出巨大的意志力，正義源於天性（法學院至今仍在傳授自然正義的概念，在斯多葛哲學中能找到其根源），我們可遵循自然，去認識並行使正義。而且，這也不需用到意志力。

但節制呢？這個看似輕巧的美德，卻是最難駕馭的。你一刻都不能鬆懈！我們必須抵制今日無處不在的各種誘惑，如同在羅馬社會一樣。看到堆滿誘人美食的盤子時，我們必須選擇無視，不理會飢腸轆轆的肚子，不顧逼人的香氣和不由自主的生理反應，包含受到刺激的唾液腺（口水直流，垂涎三尺），拒絕主人已在我們的盤子上堆聚的珍饈佳餚。我們必須用手擋住杯子，阻止慷慨的朋友繼續倒酒，必須跟愛比克泰德建議的那樣，「伸出手，僅取適度的分額。」而且必須日復一日，餐復一餐地這麼做。

節制的美德不僅表現在食物和飲酒上，也能延伸到所有具成癮性質、讓人欲罷不能的習慣上：如社群媒體、毒品、電視、網路等等。節制、節制、再節制。

節制的重要性

任何取之無度的事，都會讓你的身體發出抗議；你會感到不舒服，精神渙散或平衡失調。想像一下吃了太多巧克力，或

一次嗑掉整袋玉米片的感覺。當下可能覺得很過癮,可是等你清醒過來,看到空空的包裝紙,檢查一下身體的反饋,你並不會很舒服,一來覺得過飽,二來心理滿是罪惡、羞愧和後悔。

可是不知怎地,我們就是學不乖。

以喝酒為例。經過一夜狂歡後,翌日早晨痛苦地醒來,這應該夠了吧。我們垂頭抱著馬桶,誓言「以後再也不喝了。」但這個毒誓在下一個週五夜晚到來之前,早被拋到九霄雲外了,歷史再度重演。這種情況可能持續多年,身體和各個臟器因定期的過度縱飲,而逐漸衰敗。

我們可以採取糾正措施,但有可能過於極端。我曾經徹底斷除一些東西,但跟本書其他地方所描述的過度行為一樣,為了達成一種錯亂的體內平衡狀態(homeostasis,但依然是一種穩態),我用暴飲暴食的狂歡來平衡剝奪感。這種極端狀態的生活,會對身體造成損害。但有所節制,意味著持續或接近持續性的穩定狀態,不必依賴極端的做法去達成平衡。因此身心不會受到干擾,被迫應付過度或匱乏的問題,自然能獲得寧靜。

現代斯多葛學者唐納德‧羅伯遜(Donald Robertson)在Medium寫作平台上,撰寫如何效法斯多葛學派的飲食喝酒方式,而其主要的靈感,便得自對食物極有見地的莫索尼烏斯‧魯弗斯。羅伯遜寫道:

莫索尼烏斯表示,斯多葛學派偏愛價格便宜、容易取

得，且對人類最具營養和健康的食物。「吃得健康」
聽起來像常識，但斯多葛人士也認為，我們很可能為
了精緻的餐食，浪費太多時間去購物和準備。簡單營
養的餐飯，通常可以輕鬆地用少數容易取得的食材備
妥。

莫索尼烏斯建議吃植物和穀物，而非宰殺的動物。他
推薦不需要太多烹調的蔬果、乳酪、牛奶和蜂巢。

斯多葛人士不是嚴格的素食主義者，但他們吃的肉量並不
多。

以下是羅伯遜提到的，其他斯多葛學派的飲食習慣：

》避免美食

》專心細嚼慢嚥

》選擇富含營養的食物，而非甜食（如選擇水果，不吃糖
果），強健你的身體，而不是去取悅味蕾

》分享食物——僅取用所需的分量

斯多葛學派人士也採用斷食法，在〈如何應付災難〉一章
中已經提過，斷食是斯多葛學派的一項重要教誨，用以鍛鍊體
魄和心靈，應付潛在於未來的匱乏或環境變遷（塞內卡在生命
最後階段幾乎不吃東西，他喜歡自家種的無花果和水果）。

斯多葛人士認為節制是讓感覺、思路和外貌變好的關鍵。
他們認為，節制不僅有利於防範宿醉與過食，而且節制的實

踐，還能擴展到其他許多領域和行為之中。飲食有度，鍛煉自我控制的力量，你會發現自己在其他不受控或失衡的生活領域，也能有所撙節，比如過度工作、運動、飲食或睡眠的問題。

羅馬斯多葛學者莫索尼烏斯・魯弗斯寫道，節制的起點和基礎，在於飲食的自我控制，他還談到節制在其他生活領域，也是很好的練習。他寫道：「如果我們以能帶來多少快樂，來衡量事物的好壞，那麼沒有什麼比自我控制更棒；如果我們以痛苦來衡量該避免什麼，沒有什麼比缺乏自我控制更苦。」

多少才算夠？

如果你問斯多葛學派，節制包括什麼，他們會說，你必須攝入足以維生，且保持健康的食物，但切莫超過所需。所謂的「足夠」，應該是指能夠緩解飢餓造成的身體不適，並為身體提供一天工作所需的活力。這是一種為生存而吃，而非活著是為了吃的概念。

塞內卡寫道：「請好好遵循這條健全的生活守則，只有在身體需要的健康範圍內，才給予它必要的縱容。你應該對身體更加嚴格，以免它違逆心靈。只為止飢而食；僅為解渴而飲；僅為禦寒而衣；僅為免除個人的不適而居。」

塞內卡這番話的意思是，吃足以裹腹止渴的食物，但要嚴謹，切莫過飽。這跟日本的「腹八分目」概念非常相似，意為

「吃八分飽」。這個源於孔子的概念在沖繩市仍相當盛行，人們用這個方法來控制飲食習慣。有趣的是，沖繩是心臟病、癌症和中風發病率最低的地區之一，以擁有許多百歲人瑞而聞名。

成癮能摧毀理性

節制的美德不只讓你的身體感覺良好或平衡。不過度放縱，還能令人思慮清晰，看清世界，做出理性的決策，不會受制於需要一次又一次去滿足的食慾或慾望（即成癮）。節制是一種從難以控制的外部來源或力量中，奪回自主權的方法。

過度放縱後接著就是後悔，這種循環不但使身體感到困惑（且通常跟減肥等目標相違背），還可能擾亂心靈，導致成癮和依戀的問題。成癮可能破壞理性思考，因此斯多葛學派建議你，戒除一切的癮頭。

塞內卡針對酗酒造成的理性喪失寫道：「酗酒往往使人變得殘酷；個人因健全的心智受到腐蝕，而變得野蠻。就像老是治不好的疾病會使人焦慮、易怒，稍有不順，便大發雷霆一樣，因此經常爛醉，會使靈魂變得野蠻。」

斯多葛不是第一個宣導節制的學派。德爾菲神廟[35]正門上面刻著一句話：「中庸適度」，蘇格拉底也教人必須了解「如何選擇中庸，不偏不倚，盡量避免極端」。

影響力深遠的希臘哲學家亞里斯多德（他曾受教於柏拉

圖，而柏拉圖則是蘇格拉底的學生），在斯多葛主義之前，便已打著「中庸之道」（golden mean）的旗幟，立下節制的原則了。中庸之道位於兩種極端和剝奪的狀態之間。勇氣的極端是魯莽，另一端是怯懦，智者則生活於中間。

節制的優點，或中庸之道的一種版本，亦可見於道家的基礎。道家講求的節制不僅是一種可取的行為，更是一種精神修煉。《道德經》曰：「揣而銳之，不可長保。」

節制使人保持寧靜

人們常不自覺地耗費一生，在兩極之間擺盪，從狂歡到清醒，從過度放縱到完全戒除。就是愛這種戲劇性！然而我們若將寧靜視作幸福生活的主因之一，這種搖擺不定勢必會破壞安寧。當你陷入宿醉的深淵，對前一晚說過的話充滿不安，或在慶祝活動時婉拒香檳，在自己生日時不敢吃蛋糕，你又怎能淡定寧靜？

我曾經耽溺在享受的陷阱裡，跟許多人一樣，無論是酒或美食，可是即使我嘴裡還有東西，心中卻已在盤算接下來要吃什麼了！我飛快地轉著念頭，我實在太愛喝咖啡了，我會在喝

35 **德爾菲神廟**：Delphi，位於希臘德爾菲的阿波羅神殿，是古希臘世界的重要信仰中心。

第一杯咖啡時，想著什麼時候喝第二杯。

節制、自我控制、撙節，無論你想怎麼稱呼，就是培育寧靜的理想條件，你不會老想著還要**更多**，搞得自己心猿意馬。

在飲食方面，節制與戒除是不一樣的，節制表示只喝一杯或吃一小塊蛋糕，而不是喝到爛醉，或吃到想吐和不舒服。

當你過度放縱，或長時間什麼都不碰時，你會發現自己的生命力、能量、注意力、趣味和專注力會失衡。

斯多葛學派的飲酒指南

喝醉、努力不醉酒、限制酒量、無酒日、盡力保持清醒，制定關於飲酒的規定與例外狀況，以上都是古代斯多葛人士滿腦子琢磨的事。真該有人寫一本《古人跟我們一樣！》的書。

古代斯多葛人士常思索飲酒一事，以及飲酒過量如何違反他們的生活原則。對於酒精和其他藥物的依賴，可能會導致成癮的問題，成癮不僅會損害理性與自我控制力（如先前所討論），還可能損及品格。

那麼古代斯多葛人士是怎麼喝酒的？

根據唐納德・羅伯遜的說法，「記錄希臘哲學家觀點的史學家，第歐根尼・拉爾修（Diogenes Laertius）表示，斯多葛學派通常會**適度**飲酒，但不會容許自己醉倒。另一位觀點論者斯托拜烏斯（Stobaeus）告訴我們，斯多葛主義者把嗜酒如命歸類成一種疾病，但奇怪的是，他們認為**嫉酒如仇**也是一種

病。」

　　由於控制飲酒是一種古老、普遍且非常人性的問題，斯多葛人士設計了一些方法，來幫助我們適度小酌。

● 練習說不

　　有一種優秀的古斯多葛技巧，能幫我們練習節制，如控制飲酒，也就是別人為你倒酒時，予以婉拒，並藉此自我訓練，掌控自己對渴求事物的欲望。

　　愛比克泰德還鼓勵學生在面對食物或美酒時，莫要貪婪。他舉宴會為例，比喻節制的好處，不僅限於食物，生活方面亦如是：

> 請記住，你的舉止必須像在參加宴會。有東西送到你
> 面前是嗎？伸出手，拿取適度的分量。東西從你身邊
> 經過是嗎？別去攔阻。東西還沒送到你這兒？別眼巴
> 巴地望著，要耐心等候它送過來。對待孩子、妻子、
> 職務、財富亦是如此；你遲早會有資格與眾神一起宴
> 飲。如果你不拿那些擺在你面前的物品，甚至能放棄
> 它們，那麼你不僅有資格與眾神一起宴飲，還能與他
> 們共同治理。

　　但愛比克泰德對於酒還有一項訓示。

那就是：你若戒酒了，不必昭告天下。

「有的人只喝水，或採用其他禁欲方式時，會逢人就說：『我只喝水。』……老兄啊，如果喝水對你有任何益處，就喝吧；大聲宣揚的行為也太可笑了。」愛比克泰德說。

哈哈哈。愛比克泰德對這種歷久不衰的真理，果然很有智見，跟酒鬼一樣討厭的，莫過於滴酒不沾的無聊人了。

所以，喝水，控制自己，但看在老天爺的金面上，別老是把這件事掛在嘴上。

節制對地球的重要

節制不僅有利於我們的身體，也有益於地球。

幾年前，我在澳洲北邊的金伯利地區，與原住民布諾・丹（Bruno Dann）同住。某天早上我們到河邊捕撈晚餐，河裡的泥蟹多到躍出水面。我們輕鬆捕獲幾隻，兩人吃飽綽綽有餘。但我這個貪婪的西方腦袋十分不解，「布諾，我們為什麼不多抓幾隻？」我問，「可以留著以後吃。」

布諾對貪取超出所需的念頭，很是不屑。他解釋說，我們今天之所以能捕獲泥蟹，是因為之前到這兒的人，僅取走他們所需的分量，而不是帶冰桶或儲藏盒來「囤貨」。他說，如果你不貪婪地剝奪自然資源，自然便會提供予你。

傳統文化深知這點,他們理解自然資源有限,你若貪婪或不加節制,別人就無法取得,最後連你也無法倖免。

布魯斯‧帕斯科(Bruce Pascoe)在《黑鴯鶓》[36]一書中寫道:「如果我們想理解原住民的哲學,就必須先了解對大地的重大責任。」

個人和集體層面的節制,才是自然之道。萬物平衡時,大自然便會茁壯成長——當我們僅取足夠且所需的,而不是更多。

● 提醒自己,什麼才是良好的飲食

你會在閱讀品酒專欄,或去葡萄園參觀酒窖時,為那些生動的描述心醉不已嗎?你會帶走一整箱的黑皮諾酒,只因為這種葡萄酒聽起來、喝起來極富詩意嗎?

馬可‧奧理略冷酷地提醒我們說,美味的葡萄酒只是發霉的葡萄,可口的肉類僅是動物的屍體,而性,不過是摩擦加運動。

---

36 **黑鴯鶓**:Dark Emu,別名澳洲鴕鳥,
是僅次於鴕鳥的第二大鳥類。

當你眼前擺著烤肉或美食時，提醒自己，這是一條魚的死屍，這是一隻鳥或豬的屍體；還有，名貴的法蘭娜酒只是葡萄汁液，你的紫邊長袍只是泡過貝殼血的羊毛，這樣豈不是很好！而性交不過是薄膜的摩擦和黏液的噴射罷了。這些美好的認知，能直指事物的本質，穿透表相，讓你看清事物的真實面貌！這應該是你一生的修行：戳破看似真實的事物表相，赤裸地呈現它們，看清它們粗鄙的一面，撤去其浮誇的形象。

如果我們把大量消耗或過度放縱的事物，用不同方式去表達，例如烹調動物的屍體，這些東西的吸引力便會降低。

在我們的文化裡，豐盛的美食被標榜成嚮往之事，在高檔餐廳用餐也成了地位的象徵。同樣的，酒商把摻糖調味的乙醇，行銷成精緻的夢幻逸品，說那是通往享樂、友誼、性與魅力的大門。你應該像馬可・奧理略一樣，好好去看清這些事物的真貌。

● 還是可以喝酒享樂

斯多葛學派並不反對喝酒這件事，而且經常在他們舉辦的宴會上，供應大量的葡萄酒。古羅馬人天天喝酒，塞內卡素以美酒鑑賞家聞名，自己便有好幾座大型葡萄園（人家畢竟富甲一方）。

身為社交性動物，斯多葛學派人士認為，如果其他人在喝酒，自己千萬不可躲起來。別待在家裡，看Instagram上各種好玩的事，你仍然應該參加各種節慶，享受人生——只要別失控就好。參加派對，但別喝過頭！塞內卡建議說：「當眾人又醉又吐，你卻能保持乾爽清醒，可說是勇氣過人；但拒絕退縮，選擇以不同的方式陪眾人歡慶，不引人側目，也不隨他人起舞，則更能顯示出強大的自制力。因為你既能盡歡，又不會過度。」

● 偶爾擺脫束縛

「多數時間清醒」的規則中，也有些例外狀況，我覺得還挺有道理的。斯多葛學派容許在特定情境下，稍稍放縱自己。他們認為，有的時候（但這種時候不多），醉酒能宣洩某些東西。想想你低潮或鑽牛角尖時，被情人甩了或者是失業。總會有個好心的朋友，試圖讓你換掉運動服，穿上漂亮衣裳，帶你去「喝酒澆愁」，他們說你需要給身體提點勁兒。有時在城裡狂歡一夜，正是你改變心情所需的良帖。

這與斯多葛學派的建議並無太大不同。塞內卡認為，有的時候：

我們甚至應該喝到酩酊大醉，倒不是為了淹沒自己，
而是為了沉浸在葡萄酒中，因為酒能洗去煩惱，將它

們從內心深處排除掉,就像治療某些疾病一樣地治癒
悲傷。葡萄酒的發明者被稱為「解放者」,不是因為
它解放了我們的舌頭,而是因為酒使心靈擺脫憂慮的
束縛,使之獲得解放、激勵,讓心靈更勇於嘗試。

聽起來斯多葛學派好像在兩邊押寶,但這與他們其他的哲
學觀點並不相違。節制、自我控制、自律,然後偶爾在需要釋
放時,豁出去一下。重點是由你來控制對物質的使用,而不是
由物質來控制你。

如何⋯⋯

處理社群媒體

「我嘲笑那些自認能傷害我的人。他們不知道我是誰，不知道我在想什麼，甚至無法觸及我真正擁有並奉行的東西。」

—— 愛比克泰德

「我只有在確定自己要說的話，是非說不可的，我才會開口。」

—— 小加圖

　　跟安德魯散步時，我常抱怨社群媒體對我的抨擊。以斯多葛學派的術語來說，這影響了我的寧靜。社群媒體上的攻擊有幾種形式：有人在X平台上說我壞話，然後我認識的人便把那些X的截圖發給我（為什麼？到底是為什麼？這簡直就像把一坨新鮮狗屎遞給我說：「嘿！你可能會想看這個。」或我在X上發了一則措辭不當、飽受誤解的訊息，在網路上突然就被炎上了（我發過一則愚蠢的推文，結果被曲解成呼籲關閉所有大學；還有另一次，埋怨川普害我沒法上健身房，結果連開罐子的力氣都沒有，最後演變成福斯新聞上的笑柄）。

　　安德魯會聳聳肩提醒我，別人的看法跟我的工作領域有關。因為我在《衛報》上有每週專欄，人們一定會表示意見。那是職業領域的一部分，但現在有了斯多葛哲學，我等於手上有了地圖。我無法控制別人對我的看法，除非我放棄社群媒體或我的專欄，否則根本無法控制別人的意見。

　　我最好接受工作帶來的社群媒體熱議，並對自己發布的內容更加謹慎，同時把臉皮練厚一點，別去理會酸民。

　　逐漸地，事情開始有了變化。

　　我的X平台粉絲增加了，但我會停用帳戶，長期不去看網站，當我覺得有人要噴我，便頻繁地使用靜音鍵。最好別捲入爭執，僅用這個平台來汲取新聞和媒體八卦，為自己的報導做宣傳。

　　有一點可以肯定的是，今天任何使用社群媒體的人，都需要擬份使用計畫，不僅監控他們在社群媒體上獲得的資訊，還

要監控自己長久掛網後的情緒。

社群媒體會煽動強烈的情緒

現在幾乎沒有什麼能像社群媒體的互動那樣，破壞我們原本就很淺薄的寧靜了。現實生活中，事態會以人類的正常速度發展，但在網路上，一切則變得迅猛無比。不論是你無法贊同的觀點，還是別人來挑戰你的看法，或讀到令你義憤填膺、激動不已、火大或沮喪的資訊，社群媒體的演算法設計，會提供能激發、吸引並維持我們反應的內容及言論。

引發強烈情緒反彈的內容很可能遭到瘋傳，也就是說，它很可能出現在我們的社群媒體推播中，而點燃激情和強烈的情緒。我們很難置身事外，尤其是整個系統的設計，就是為了盡可能長久地引起我們的關注。社群媒體巨頭們不希望你放下手機，跟朋友或孩子一起享受戶外時光；他們希望你盯著手機、留在平台上——從事無償的勞動，為平台提供內容、反應、互動，並投入你的時間。

除非我們想跟社群媒體建立不健康且難以戒除的關係，並將這種不幸、緊張、分裂和渙散帶入我們的「現實」生活中，否則我們需要用刻意的方式，去參與社群媒體。

這些平台確實有些好處，使人們相互聯繫、激發新的想法，聽到新的聲音，但任何會成癮並觸發我們動物本性的事物，都需要謹慎對待。

　　你可能以為，在社群媒體出現前的數千年，便已發展起來的哲學，對如何使用和瀏覽社群媒體，並不會有幫助，但斯多葛哲學對於上網，倒是有幾項頗具智慧的提示和工具。

僅對良性資訊做回應

　　如果古希臘或古羅馬時期有社群媒體，芝諾、克利西波斯、愛比克泰德、塞內卡和其他人，一定也都會使用。單純就形式而言，社群媒體是聯繫人們的絕佳辦法，它創建了一個社區，複製了雅典廊柱台階上的具體聚會方式（Stoa，斯多葛哲學以其命名），或當時各哲學學派之間，應該會有的人脈聯繫和對話網絡。

　　想像一下芝諾在船難後抵達雅典，他運送的紫色染料毀了——卡在一個陌生的地方。閒來無事的芝諾想學哲學，所以可能會發一條推文：「嗨，我得在雅典待一段時間，有人能推薦好的哲學家嗎——不要太貴！！！請轉發！！」這就是社群媒體的強處，我們可以尋求並找到有用、可靠的資訊，來提升我們的品格。

● 錯誤資訊的危險

　　但斯多葛哲學家會對資訊再三思考後才採取行動。他們看重理性思考，依據可靠的訊息來行動，並周全地考慮情況，不

會衝動行事或大驚小怪。社群媒體可能充斥各種錯誤訊息、意見、散播恐懼和亂灌雞湯，這些都會掩蓋單純的資訊和事實。

資訊若是有誤，便無法做出理性的判斷。在社群媒體上獲取資訊時，首先要問的是，這能給我正確的資訊，還是錯誤的訊息？若是錯誤資訊，或並非可靠來源，就別去理會。

愛比克泰德下面這番話，很可能就是在講社群媒體：

大多數被視為合法娛樂的東西，都是低劣或愚蠢的，只是為了迎合或利用人們的弱點罷了。莫成為沉溺於這類消遣的人，生命太過短暫，你有重要的事要做。要選擇進入自己腦中的圖像和觀念。如果你不選擇接觸哪些圖像和思維，別人會幫你篩選，但他們的動機可能沒有那麼純良。不知不覺地變得粗俗，是世上最容易的事。但是你若決定不浪費時間去關注毫無意義的事，便不會發生這種情況了。

不需對每件事情都有意見

問問自己：為什麼你得權衡每項議題？為何需要對核能、新冠疫苗、失業率、移民政策、單身女性節目、實境秀《我要活下去》新一季的演員陣容、比特幣，以及最新失蹤人士報導，提出你的看法？你應該不是這些問題的專家吧？世界有必要聽到你對所有問題的看法嗎？（或者像

美國喜劇演員博・本漢（Bo Burnham）在《Inside》節目裡問的：「我有個問題想問大家，嗯……是不是……有必要？這個星球上的每一個人，有必要在同一時間，表達他們對每件事的每種觀點嗎？那樣……真的有必要嗎？呃……或者換個方式問，能不能……能不能有誰可以他媽的給我閉嘴？」）

還有其他辦法。

例如，你無法控制法國的核武，但很多人會在X平台上發表這類意見，彷彿他們能控制這些事情似的。這些事不需要由你來判斷，放著別管它們吧。

若說有任何斯多葛學派的建議，能讓今天的世界變得更好，那麼就是馬可・奧理略所說的：「你永遠可以選擇不發表意見。」在這個分裂的時代，有多少爭吵起於朋友、同事或家人之間，其實只要大家把意見放在心裡，便能避免這些爭端了吧？

憤怒會傳染

你是否曾經一早心平氣和，頭腦清晰地打開網路，結果一下就被捲入當天最新的、令人怒髮衝冠的事件裡？也許有人發表了謬論，受眾人抵制或幹譙，世上某處發生了不公義的事，眾人在X平台上你一言我一語。無論是什麼，社群媒體演算法

會創造一種回饋式循環，放大憤怒的情緒，讓你不知不覺地加入抵制，或為遠方國家的公民感到忿忿不平。

塞內卡在《道德書簡》中寫下這段話時，可能指的就是現代社群媒體上的集體攻擊和「抵制文化」現象：

> 與人群交往是有害的；人人都有可能讓我們接近不良
> 的習氣，染上惡習，或使我們不知不覺地近墨者黑。
> 當然，我們交往的人越多，風險就越大。
> 盡可能退回自己的內心，與能提升你的人，和你能給
> 予好影響的人交往。這是一種相互的過程；因為人是
> 教學相長的，你的優點應該擺到內心。

如果你是社群媒體使用者，斯多葛學派會建議你克己守禮，莫過於自誇，也不要將其視作一種推銷自我的平台。「在公共場合，避免經常且不斷地談論自己的成就和風險，因為無論你多麼喜歡敘述自己的險境，其他人並不是那麼想聽你的故事。」愛比克泰德如是說。

在社群媒體上互動時，斯多葛主義的節制美德會對你很有幫助。

不必非對不可

社群媒體上的許多熱度和能量，都是以二元方式操作的：「我是對的，你是錯的。」有多少力氣是耗在爭贏對方、打敗別人，或堅持某種對你也許不再有用的立場上？

如果我們不必非對不可，那麼社群媒體可能會像兩千年代中期的那一小段時間一樣，成為一個充滿機智、幽默、趣味、分享新聞故事、即時評論、推薦書籍和音樂，以及關於即時新聞資訊的地方。如今社群媒體已成了一個結黨連群的泥沼，因為我們已分裂成不同的群體，利用這些平台來進行意識形態的鬥爭，至死方休。

斯多葛哲學的四大美德之一，智慧，來自於吸收與自己歧異的觀點，並與之互動，更來自於不斷地進化和學習。

馬可·奧理略說：「如果有人能向我展示，我所想或所做的是錯的，我會很樂意改變。」聽起來他在舊版Twitter上應該能混得風生水起。「因為我尋求的是真理，從來沒有人會真的受到真理傷害，受傷的是那些繼續自欺欺人和愚昧無知的人。」

處理羞辱

無論你是在社群媒體、工作還是派對上受到侮辱或挖苦，結果可能都一樣：你的寧靜會被打亂。侮辱就像扔進寧靜心湖

的一顆石頭，蕩起的漣漪會造成持續的緊張與干擾。

　　羞辱可能激發我們的憤怒、復仇的欲念、回擊對方的渴望，想證實自己是對的。這些全是有損品格的事，因此斯多葛學派一如既往地深入思索，該如何處理羞辱，才不會造成額外的壓力，讓他們能照常生活。

　　斯多葛學派以既聰明又滑稽的方式回應羞辱。幾個世紀過去了，在社群媒體或現實生活中受到侮辱時，他們的技巧依然管用。

● 羞辱是否屬實？

　　假日期間，因公共交通免費，市區裡擠滿了人。我急著從環形碼頭站（Circular Quay）趕往去曼利（Manly）渡輪碼頭。我只剩四分鐘的時間衝下兩段樓梯，穿過緩慢移動的擁擠人群。我壓力山大 —— 我可不能錯過這班渡輪、這場午餐。於是我抬起手肘頂開人群，結果撞到一位路過女士的肋骨，我不是故意那麼用力的，我覺得非常丟臉。為了及時趕赴午餐，我竟然準備對陌生人暴力相向，這表示本人的品格很有問題。我經過女人身邊，她對我破口大罵，指責我無禮粗暴。

　　斯多葛學派在面對羞辱時的第一個策略，便是停下來問問自己：這個侮辱是否屬實？

　　在這種情況下，對方的侮辱是真的。我確實無禮又粗暴，一點也不冤枉。但讓我一整天心煩氣躁的是，我從一開始就失

禮粗暴，而我的品格也因為自己的行為受到損傷。我擔心的不
是對方的侮辱。

● 羞辱者究竟了解多少？

愛比克泰德說，受到侮辱時，先停下來思考，侮辱是否屬
實。是基於錯誤的資訊或無知？或句句實言？

如果資訊有誤，我們大可不予理會，或去糾正侮辱者。

● 糾正錯誤

如果我在寫一篇報導，結果寫錯一項事實，有人告訴我寫
錯了（記者經常遇到這種事）。他們或許用很不客氣的方式告
訴我，例如「你也太笨了吧，連失業率都寫錯。」你可以接受
糾正，視之為幫助，不理會附加在糾正上的價值判斷，感激有
人能指出你的錯誤，讓你改錯。別執著非對不可，讓自我從中
作梗。馬可・奧理略說：「拒絕受傷的感覺，傷害本身就會消
失。」

● 為羞辱者感到遺憾

我家最近有老鼠。附近社區爆發鼠災，老鼠以破紀錄的速
度掃光毒餌，卻仍餘孽四竄。夜裡我能聽到牠們在牆裡抓爬，

有一次我穿鞋時，有隻老鼠從鞋子裡竄出來。噁心死了！

我在 X 平台上談到此事，結果收到一位憤怒陌生人的回覆，她住在更北的地區，那邊正在鬧水災，許多人無家可歸。

她在 X 上寫道：「老實說，這真是太他媽的何不食肉糜了。至少妳還有個能有鼠患的房子。」

收到如此詭異而攻擊性的回覆，令我震驚不已，我等了一會兒，讓心情平復後，決定不去回應。馬可·奧理略說：「對於憤怒，最好的回答是沉默。」他還說，對於幼稚的侮辱，應表示同情，而不是生氣。

● 幽默以對

古代斯多葛哲人素以用幽默化解侮辱而聞名。

小加圖在陳情時，被敵人朝他臉上吐口水。小加圖非但不生氣，反而冷靜地擦去口水說：「我可以對所有人發誓，那些說你不懂得用嘴的人，是錯的。」哈哈，小加圖可真幽默。

愛比克泰德認可自嘲式的幽默。他建議以自嘲化解羞辱，比如說「如果你真的了解我，就不會只挑出那個缺點了，因為我其實比你想像的糟糕。也許你很不擅長侮辱。」

保持冷靜

小加圖在浴場被揍時，不但沒有生氣或懲罰對方，反而在被問及此事時，雲淡風輕地回答說：「我不記得被打過。」

只要無視羞辱者，不被激怒，他們便無法得逞。如果我們繼續如往常一樣，他們反而會覺得困惑和心煩意亂。

寵辱不驚

想在網路上保持平常心，就不要追求讚美，或與惡意的批評者及酸民起爭執。

我剛開始為《衛報》寫日記專欄時，收過一些惡意的評論。現在，我的文章幾乎沒什麼好教人評論的了，就不太常收到如早年的負面回饋，那些負評真的害我對自己和自己的作品產生懷疑。但我必須平衡這一點：也就是說，即使我沒有看到負面回饋，也必須讓自己不受正面言論和讚美的干擾。單一回饋是一種扭曲的回饋形式，會讓我對自己產生偏見。

（編輯們的回饋則不一樣了，他們的工作就是批評或讚揚我的工作，並盡可能幫我把文章磨好。批評能提供可貴的資訊，也是成長的關鍵，但不該把惡意批評和建設性的批評混為一談。）

　　我決定盡量不理會外界的毀譽，這為我帶來了美好的創作自由，我不再顧忌群眾的看法，聽從內心的指引。創作來自於自由的感受。

　　你不必是作家或公眾人物，也能學會這寶貴的一課。對他人的意見冷漠以對（尤其是那些不了解我們的人），意味著你能忠於自己的本性——這是斯多葛哲學的重點之一。我們不該理會那些干擾我們的讚美或批評，也不應妄加毀譽他人。

● 奉承的問題

　　斯多葛學派深知奉承的問題：它往往隱藏真相，掩蓋別有用心的動機。愛比克泰德建議：「不要責罵或奉承任何人。」如果我們只聽得到好話，就不太可能努力改進或提升自己。

　　塞內卡在《道德書簡》中寫道：

最大的障礙就是我們很容易自滿。如果有人稱讚我們善良、謹慎、有原則，我們就會認可他。我們不滿足於適度的讚美，而是厚著臉皮接受任何加諸在我們身上的恭維。我們認同那些把我們捧為最優秀聰明的人，雖然明知他們經常滿口謊言；我們如此地沉溺自我，就算與我們行為相左的馬屁，我們也都想聽。一個施加酷刑的人，會聽到自己被譽為「悲天憫人」，在掠奪時被稱為「慷慨大方」，明明花天酒地，卻被

讚為「撙節有度」。我們根本不願意改變，因為我們相信自己已經很出色了。

斯多葛學派認為，別人怎麼看我們，根本不關我們的事。「別人看不起我，那是他家的事。」馬可·奧理略寫道。既然我們無法掌控別人對我們的看法，擔心便毫無意義了。唯一重要的是我們如何對待他人、我們的品格，以及是否按自己的本性行事。

淡定面對他人的意見

如今有了社群媒體，基本上，我們有兩個自我穿梭於世上。過去十五年裡，我們把身為人的工作量翻了一倍。有一個是存在於現實世界的真實自我，還有一個存在於網路世界。除了真實生活中的工作，我們在線上的工作簡直無休無止。創造、捍衛、推銷和保護我們的虛擬形象，是一項令人精疲力竭、無法估量，且永無止境的工作。由於缺乏面對面時的行為規範，網路上的狀況變得更加複雜，我們在網上受到霸凌、種族歧視、性別歧視、批判和憤怒的可能性，比在現實中高，但我們並未學會如何駕馭網路世界，或在面對網路攻擊時保持韌性。這一切都太新了。還有流量的問題，上網的一部分焦慮來自於表現——要有趣、要酷、要正確、要聰明有人氣，這都是壓力。上次成功了，不表示這次能成。有沒有人氣，要看得到

多少點讚。但你越是實踐斯多葛哲學，就越不在乎別人對你的看法。尋求他人的認可不再成為目標，因為你會明白自己無法控制他人的意見，把自我價值和幸福維繫在他人的看法上，並不踏實。

如何……

知足常樂

「智者不會為無法擁有的事物悲傷，而會為擁有的事物感到歡欣。」

——愛比克泰德

「莫沉迷於追求的夢想裡，列舉手邊的珍貴之物，然後心懷感激地想起，若這些幸福不屬於你，你會多麼渴望。」

——馬可・奧理略

　　2021 年 6 月，我幸運地找到一間漂亮的公寓。小公寓雖然只有兩個半房間，但位於雪梨港，客廳窗口能眺望大海。夜裡可以聽到海鳥的叫聲和花園邊緣拍擊的浪濤聲。我能使用一座私人的港口游泳池，在炎炎夏日中，躺在草地上，從跳板躍入沁涼的水裡。

　　我的小公寓是一座天堂，我覺得快樂極了……但僅快樂一段時間。我慢慢認識鄰居了；有天其中一位鄰居保羅，邀請我進**他家**公寓。保羅的公寓位於大樓前方，他的景觀比我的美多了，我雖能看到一部分港口，人家看到的卻是一大片。因為我家位於大樓後方，窗戶離得遠，望出去大多只能看到一面褐色的磚牆，港口景色只有一點。等我返回自己公寓時，已不若出門時那麼開心了。沒錯，我依然能看到一部分景觀，可是跟鄰居的一比，我對自己的住處便沒那麼喜愛了。

　　然後另一位鄰居麗莎也邀請我去她家公寓——竟然比保羅家還要豪華。那間公寓座擁雪梨港全景，而且面積是我家的兩倍。相較之下，我的公寓簡直就像男僕的食品儲藏室。

　　我對小公寓的愛又再次減少了。我必須盡快阻斷這種情緒，這種對曾經充滿喜悅的事物，突然感到不滿的情緒，因為事物本身並無改變，變了的是我。我正在進入心理學家所說的，「享樂適應」的循環（hedonic adaptation），我對目前小公寓的幸福感消失了，只想換更大的公寓。除非我能如願，否則便不滿足。

　　知足常樂是斯多葛哲學最重要的法則之一，也是生活中的

重要課題。

　愛比克泰德有句名言，財富不是涵蓋在豐厚的財產中，而是在於清心寡欲的心態裡。他還說：「哲學的本質是一種盡可能不仰賴外在因素，而取得個人幸福的生活方式。」十足的反資本主義。

　還記得我們在Part 1討論的概念嗎？寧靜來自於能掌控自己的幸福。也就是說，別把自己的幸福，掛在那些本質不在你控制範圍的事物上。

　渴望並獲得一間景觀更好的海邊公寓，在某種程度上是我能控制的。可是為達目的，得有一些條件。首先，得有這樣的公寓空出來（我的大樓僅有幾戶，而且似乎沒有人想放棄這種公寓），然後我還得供得起。我在網上快速查了一下價格後，發現那些美宅的租金比我的高多了。他們為了享受景觀，所費不貲，本人目前薪資微薄，即使有公寓騰出來，我也負擔不起。我得辭去這份自己喜愛，讓我感覺非常幸福的工作，去找另一份更高薪的職位。這不是不可能 —— 但真的非我所能掌控。得先有職缺，還有面試小組決定賞我飯吃，而且為了錢，不是為了幸福感去做一份工作，是有風險的。我可能會失去跟自己價值觀相符的公司，以及跟一群朋友同事合作時，所享有的平靜之心。

　為了多那六十公分俯瞰水面的窗景，我得冒極大的風險和努力（而且這會打亂我的寧靜）。單純繼續享受目前這間我能負擔得起、沒有經濟壓力和焦慮的公寓，豈不更好？

斯多葛學派知道「享樂適應」可能會破壞寧靜之心，他們開發出一些技巧，阻止這些貪得無厭的欲望，無端地主導我們的人生，讓生活變得更緊張焦慮。睿智的斯多葛學家深知我們渴望的東西，實際上常會以料想不到的方式，破壞我們的生活：在不斷追求的過程中，我們必須更辛勤地工作（你想把一輩子耗在工作上嗎？），或被貪婪驅使，陷入犯罪或腐敗之中。想想所有白領金融犯罪，全是因為犯案者想要更奢華的假期、更昂貴的手表或更名貴的車子。雪梨的白領犯罪梅莉莎・卡笛克（Melissa Caddick）說服年邁的父母親抵押他們的房子，由她幫忙進行投資。然而她卻把這筆錢拿去購買鑽石，物質的貪欲毀掉她的家庭，毀去和她一起投資的朋友，最終毀掉了她自己──她失蹤了，大家以為她死了。就像偷走了愛比克泰德燈籠的小偷一樣，對物質或奢侈品的貪欲，會對品格造成毀滅性的影響。

享樂適應是什麼？

享樂適應，或稱為享樂跑步機，是指新事物最初帶來的喜悅和興奮感逐漸消失後，我們會想要得到更多、更好的東西，來達到同樣的幸福感。這種適應的過程很正常，也很常見；原本渴望的事物在新奇感消失後，我們便適應並納入日常裡了。人類天生喜歡新的事物，有進化上的合理原因：不是先天的缺陷。如果我們的情緒反應未能隨時間而逐漸消減，便無法區分

重要刺激（新的重要事件）和不重要的刺激（舊事件應該退到後方）。如果我們無法適應新刺激，便會被情緒壓垮，無法做出改變或生存下去。

但我們顯然適應過頭了：快時尚只穿一兩次就丟到垃圾掩埋場；IKEA或Kmart的廉價家具和家用品不求長久使用，而是每年都得更換；最新科技迅速汰換，以鼓勵消費者購買更多不需要的產品。我們擁有許多，一切卻更加劣質。

保羅・索魯（Paul Theroux）的小說《蚊子海岸》（*The Mosquito Coast*）寫於1980年代，但書中角色在八〇年代所鄙視的消費主義，如今竟推升了好幾級，到達超高速驅動的層級：「我們不餓時吃，不渴時喝，購買不需要的物品，扔棄一切有用的東西。別把消費者想要的東西賣給他，賣給他不想要的。假裝他有八隻腳和兩個胃，而且有錢可以隨便燒。這不是不合邏輯，而是邪惡。」

而且還很可悲。美麗敏感的地球表面，浩瀚複雜的海洋，現在成了我們用過即丟的廉價塑膠垃圾安息地……永永遠遠。

享樂適應正是我們對唯一的星球造成破壞的原因之一，同一股毀滅性的力量，也造成我們內心的巨大騷亂，使我們將一生中最美好的時光耗費在工作上，以負擔更多更新的**物品**。我們似乎未能覺察到（或者更令人沮喪的是，我們其實是知道的），我們浪費生命所積攢的東西，會加劇地球的問題，迫使下一代承擔清理的責任。

「總有更多要做的事」

　　哲學家們理解享樂跑步機會讓我們經常處於不滿的狀態，因為新的物品、人與經歷帶來的歡愉，終將漸漸消逝。與斯多葛學派前後期間，在古希臘創立伊比鳩魯學派的伊比鳩魯，對這個問題有深入的探討。

　　他認為我們有一些核心欲望，如對食物、飲料和居住的需求。但我們也可能被虛榮綁架，例如對名聲或成功的追求。這些目標從未有滿足之日，因為好像總有更多能做的，或其他人似乎比我們成功，所以我們從未取得任何成就。認清何者是空虛的欲望，不再一味追逐，便能放緩這個享樂跑步機了。

　　你也許會說，古代人更容易抵抗享樂跑步機，因為他們不像我們備受廣告和媒體的轟炸，不但有各式廣告牌、報紙和電視廣告，還有無處不在的小螢幕，放在我們的口袋裡陪我們上班，將鎖定式的廣告領進以前商業廣告觸及不到的領域。在當今世代，我們甚至難以察覺自己正在接受廣告，更別說是抵禦廣告了。若我們採用斯多葛的觀點，覺察力就會是關鍵了（就像許多斯多葛原則一樣）；我們若能覺察到享樂反應，並在欲望出現時加以檢視，就會朝奪回自己的力量邁進一步。

　　希臘羅馬時代雖然沒有受到廣告和消費品的衝擊，但還是有價格不斐的奢侈品，人們會購買一些浮誇的物品，例如花裡胡哨的骨灰罈、酒和大理石桌等，而且還要跟朋友炫耀一番。艾倫・狄波頓在《哲學的慰藉》（Alain de Botton, *in The Con-*

solations of Philosophy）中指出，塞內卡特別喜歡有大理石桌腿的雪松桌，據說他為了一次宴會，訂購五百張這種桌子。

然而，與大多數人一樣，羅馬人一旦得到他們迫切渴望的物品後，很快便感到厭倦，且想要更多的東西。塞內卡在《道德書簡》中警告道：「那麼，最後，讓所有這些不忠的物品離開吧！它們對那些期望得到它們的人來說，比那些已有過它們的人，看起來更棒。」

他的意思是，快樂來自於對物品的期待（或期盼假期，等待亞馬遜包裹寄來，便已經體驗過快樂了），而不是實際擁有物品。

古羅馬時代，富裕的精英階層特別喜愛舉辦炫富的極奢宴會。除了提供來自羅馬帝國各處的野味、海鮮和香料外，主人還競相供應奢華、異國情調的菜餚，如填料沙鼠和燉鸚鵡舌，為了這道菜，人們飼養屠宰大量的鸚鵡。宴會持續數小時之久，多道佳餚和純釀輪番上陣。人們躺著進食，以利消化。為了支付這些狂歡的宴會，人們負債累累。據說知名美食家阿皮基烏斯（Apicius）因為舉辦太多饗宴，而破產自殺。

錢不是問題的馬可・奧理略試圖藉由提醒自己，何為物質欲望的本質——包括奢侈的宴會——來控制自己的欲念。在〈如何節制〉一章中，我們看到他將眼前的美食酒飲，重新定義成死屍和發霉的葡萄汁。

我也做過這項練習，提醒自己，為了多得到六十公分的窗景和稍大一點的淋浴間，我得顛覆自己的生活，日以繼夜地工

作賺錢。我提醒自己，我若願意走到戶外，就可以全景無死角地觀賞海景了——而且免費。

這些來自與我們有類似富裕、頹廢和享樂主義時代的古人，對享樂跑步機的本質，有深刻的理解，也知道必須保護自己，不要受其影響（或至少要能有所覺察）。

他們想出了一些協助自己的策略。

● 無動於衷

讀者從〈如何對付災難〉一章中看到，我們永遠無法預料環境何時會變化，或有何種損失。因此斯多葛學派試圖透過無動於衷的原則，為不能預期的損失做好準備。

抵抗享樂跑步機，以及新的物件、產品、人和經歷的誘惑的原因之一，是許多事物都超出我們所控。我們已探討過，這些事物，包括財富、資產、房地產，以及非實體物質，如讚美、良好的關係、名聲和良好的聲譽等，都不是我們能掌控的，因此應被視為無關緊要的事。

維持內心的平靜，比把所有時間花在盤算如何賺更多錢，買更昂貴的房產、景觀更佳的房子或更豪華的汽車更重要。

把自己抵押給將來也許永遠不會買的物品，很可能會毀掉你的現在。即使你為了買好車而拚命工作，斯多葛學派的人也會說，搞不好你會死在去汽車展館的路上，你因為活在未來，而浪費眼前的生活與自由，沒有好好珍惜自己已經擁有的。我

們在〈如何面對死亡〉中已看到，時間是唯一真正有價值，且不可替代的貨幣。

如同塞內卡所說：

> 拖延是對生命的最大浪費：拖延奪去了到來的每一
> 天，拖延承諾未來，卻剝奪我們的當下。生活最大的
> 障礙就是期待，期待依附於明天，卻失去了今日。你
> 忙著張羅命運掌握的事物，卻不顧那些你能掌握的東
> 西。你究竟在看什麼？在追求什麼目標？未來充滿了
> 不確定：活在此刻當下吧。

● 負面想像

為了打破享樂跑步機的循環，斯多葛學派採取負面想像的辦法。

負面想像的目的不是嚇唬我們，讓我們害怕失去渴望並熱切追求的事物，而是要讓我們了解，我們所擁有的一切都是「借來的」，隨時可能失去。因此，一間優美的公寓、美貌的伴侶、一份帶來聲望的有趣工作、珍稀的珠寶，這一切都不會永遠屬於我們。在伴侶方面，享樂適應，所謂「尋找更好的」，尤其令人擔憂，因為對方有可能為了更好的對象，而踩著他們的享樂跑步機，離**你**而去。

藉由想像失去某物或某個人，我們才能更珍惜和享有目前

擁有的事物。我們可能無法永遠擁有這些東西（畢竟是借來的），因此我們必須在擁有時，懂得惜福。

塞內卡寫道：「別忘了，我們所有的一切都是命運借給我們的，命運隨時可以奪回去，連通知都不必。」

• 負面思維練習——情況總有可能更糟

看到鄰居的公寓後，對自己的住處心生不滿時，我可以如此套用負面想像。與其嫉妒鄰居保羅家的美景，不如想像我家根本看不到景色。想像你住在地下室公寓，窗上有鐵欄，窗外是幽暗且臭氣熏天的小巷，路上擺著垃圾箱。

由於我曾經住過符合以上描述的公寓（或住過幾間），因此並不難想像，尤其是在波茨角的那間公寓（Potts Point）。我在那兒度過愉快的一年，該公寓有一半位於地下室，窗上加裝鐵條。記得早晨在昏暗中醒來，僅有一小道微光透窗而入，天氣熱時還不能開窗，因為會聞到垃圾箱的臭味。我坐下來回想這一切，然後睜開眼睛。我在哪兒？在目前所住的公寓裡，有美美的窗子，可俯望大片湛藍水色，且光線充裕。我打開窗子，聞到海港的鹹味，聽到船隻噹噹輕晃。我對這住處充滿了感激，慶幸自己擁有這麼多，因為以前我只看得到黑暗和垃圾桶。

如果我在波茨角破舊陰暗的公寓裡做這項練習，我會用負面想像去回想自己住過的另一間公寓。公寓位於曼哈頓，我住

的時間並不長，因為實在不適合居住，所以留下深刻的印象。那是個只有一個壁櫥大的地下室，沒有窗子，有一個小小的採光井，上邊是人行道的鐵柵。我能看到路人的鞋子，有時好像還看到老鼠，我肯定曾**聽見**老鼠的聲音。公寓不通風，一進去便覺得沉悶到令人幽閉恐懼。

我在那狹窄的空間裡感覺壓力巨大，這顯然不是設計給人住的——我負面想像另一個地方，想像自己住在中央公園裡。

即使如此不堪，靠著負面想像，也能令我感恩有這方天地。

如果我真的睡在中央公園了，負面想像會假想我病了，還在公園以天地為家，或睡在公園時遇襲，或找不到可睡的公園，只好睡到人行道上。

這個練習就像俄羅斯娃娃一樣。在每個旅途的節點上，心中還能藏有一個更小，更不愉快的地方。你可以用負面想像假想比當前更糟的處境，等練習結束後，自然會滿懷感激。

你可以在任何安靜的地方進行練習，閉上雙眼，讓影像浮現腦海。我坐在被嫌棄的公寓裡做這項練習。就在約莫十年後，我雖置身世上的美麗之地，在雪梨港邊一棟價值約一百五十萬的公寓裡，卻仍然需要練習這項技巧，想像當年住在無窗的陰暗小盒中的場景。

這恰恰顯示出享樂適應之難以察覺，以及我們有多需要提防它。

感恩再感恩

感恩之心是這項練習的根本。當我們喜新厭舊時，負面想像會向我們揭示實況：那就是，我們所擁有的，也曾經是我們渴求的，我們應該心懷感激。

畢竟，「擁有太少的不是窮人，渴望更多的才叫窮人。」塞內卡說。

莫求成名

我以前想過要成名嗎？沒有。但我確實想**被認識**：我希望自己的工作能有好名聲，並希望這份聲譽能擴展到圈外。是出於自我的驅使，才想被不認識的人知曉嗎？這算是低調版的地方性成名嗎？如果是的話，我為什麼要追求？其中會有何害處？或許我應該拋開這種念頭，遵循斯多葛的原則，僅追求自己可控的事物？

這些年，我與安德魯討論的其中一個話題，就是被認可的需要，這番討論在我們對斯多葛產生興趣前就有過，以及被認可如何成為人類幸福和基本成就感的動力。

無論古今，對認可的渴望皆然。這是一種在世間留下「本人到此一遊」的方式。被他人認識的需求（或套句現代的說法——被看見），發生在同心圓中。我們需要被親密的伴侶、

家人、朋友圈、職場裡的人認識並認可。

我們還需要被認識的人認可，接著我們會渴望在公眾領域，被陌生人認識與欣賞。最後那一項就是所謂的「出名」。渴望成名，在斯多葛學派的年代是件麻煩事，現在也一樣，名人像希臘神祇似地受到追捧。

認可雖能建構我們的自尊，讓我們感覺自己受到珍惜與重視，但斯多葛哲學對那些追求虛名，把獲得認可的基本需求無限放大的人，撂下了重話。

「智者認為，聲名只要能避免受到鄙視就夠了。」愛比克泰德表示。這個門檻很低，他的意思是說，只要不被討厭，一點點名聲就很夠了。艾倫‧狄波頓認為，伊比鳩魯學派對名聲看得極淡，在幸福所需的事項清單中，追求名氣既不自然，也沒有必要（他們還將「權力」與名聲合併，認為不必要且不自然，最重要的是朋友、自由、思想、食物、住所和衣物）。

成名不是你能掌控的事，因此斯多葛學派對成名有疑慮。成名取決於他人對你的才華反應，而你無法控制這些回應。正如馬可‧奧理略所寫：「向認識的人尋求賞識。那些向素未謀面，且永遠也不會見面的人，尋求賞識的傢伙，可能也會因當不了陌生人後代子孫的英雄，而悶悶不樂哩。」哈哈哈，真是一針見血。

因為名氣本質上就是一種變動的現象（忽起忽落），追求成名只會破壞你的寧靜。為了享受短暫的虛名而犧牲寧靜，代價太大了。

● 名氣令人患得患失

命運有高低起落，世上唯一不變的就是無常。

你可能會獲得短暫的名氣，卻無法真正享受它，因為你害怕隨時失去。除非你覺得一夜間失去一切，也無所謂，否則成名的你，便永遠無法完全放鬆。死守名氣不放，可能使你變得執著不安。

例如，你可能因為寫了年度最紅的小說而聲名鵲起，可是等下一位炙手可熱的作家出現時，也許你就被遺忘了。或者你獲選參加真人秀，很享受當季上了電視，被大眾認識。可是等到次年新的一批參賽者出現後，原本圍繞你的製作人和觀眾，就把你遺忘淘汰了。或者你是某大公司的CEO，受權貴們追捧，你一旦退休，不再擁有先前的地位後，受邀的次數便逐漸減少了。

把自己的快樂與幸福維繫在名聲上，就像在汪洋中划立式槳板。條件不斷在變化，你隨時可能被拋到海裡。咒罵海裡的波浪、洋流和潮汐根本無用。然而，我們卻自以為能抓住名氣這種變幻不定的東西，以為我們能掌控起伏如海波的大眾輿論。

斯多葛學派建議，若我們意圖抓緊名聲，便必須放棄自己的力量，去譁眾取寵，犧牲自己的品格。想想那些從不進步的演員，他們接二連三地接拍同類型的動作片系列，因為他們貪戀年輕時的名氣，那是他們最紅的時刻。

　　就像當代斯多葛哲學家威廉‧歐文（William Irvine）所指，「我們若追求社會地位，便等於把權力交給別人。我們必須做出一些讓他人喜歡的事，不能做出會引發不滿的事。」這種內心缺乏進步和對自我的尊重，對品格可能造成極大的損害。

　　愛比克泰德甚至說，追求名聲只會使人變成奴隸，因為我們會被公眾輿論和成功的事業綁架。他說：「名聲只是瘋子的喧嘩。」

　　我們可以輕鬆地舉出幾十位名人，甚至是一兩位前總理，他們或遭遇不幸，或在工作上做出糟糕的決策，或失寵、名譽掃地，或工作倦怠，或是過氣了，我們可以觀察到這些情況對曾經紅過的人，所造成的痛苦。為了留在眾人的目光裡，這些名人必須不斷製定計畫和工作，試圖評估大眾的喜好風向，掌握時代精神，以維持他們曾有的崇高地位。有些名人為了維繫知名度，會採取越來越離奇和引人側目的行為；其他人則藉助藥物、酒精或其他成癮的行徑，來麻痺過氣的痛苦。抑或是反其道而行，有些名人覺得被困在自己曾經渴求的名氣裡，一心只想從人間消失。盛名變成了負擔。

　　於是這些名人對缺乏隱私感到不滿，對自己的推文，或Instagram 上的發文受到曲解引發軒然大波，而感無奈，或對私人關係的欠缺信任困擾不已（有多少名人在小報上讀到自己被「可靠消息來源」出賣的報導後，而傷心難過？）。

　　早在有社群媒體和國際名人之前，古代的斯多葛人士——當時的資訊透過晚宴席間的談話和講堂來傳播——在沒有網路

的情況下，便能看出名聲帶來的問題了。他們對求名的疑慮，比對追求財富還高。金錢被歸類為「可以無關緊要」的東西，生活裡有錢，可以愉快地容忍（只要你不過於重錢）。但他們看出名氣有更加隱晦的誘惑力。金錢可用來幫助他人，但名聲並不具備同樣的能力。

　　名氣的基本元素是分隔。由於你具有某種才能、天大的好運、超人的動力、美貌或傲人的六塊腹肌，使你鶴立雞群。但這種深刻的分隔，不僅帶來掌聲（和你所引起的嫉妒），還有孤獨。斯多葛學派認為，我們是社會動物，成為集體的一部分，最能使我們茁壯成長。而名氣本身是一種非常個人的體驗。名氣會將我們從集體中分隔出去。

● 莫求死後留名

　　有些人想成名，是因為名聲能帶來當下的好處；有些人想出名，則是為了留下深遠的影響。

　　根據斯多葛學派的觀點，追逐名垂青史或確保自己為後代留下某種遺產是不智的。他們覺得人在死後打造紀念雕像意義不大，重要的是你生前的作為、品德，以及是否充分利用自己的時間。

　　馬可・奧理略用一貫務實、直言不諱的方式，解析死後留名的概念：「覺得死後留名很棒的人，都忘了一點，那就是記得他們的人，很快也會死去。而記得那些人的人，之後也會將

他們遺忘，記憶像燭火一樣，在一個個傳遞者間搖曳不定，終至熄滅。」

　　你反而應該「送自己一份禮物：那就是此刻當下。追求名垂青史的人忘了，後代子孫跟他們現在所認識的人一樣討厭，而且也都會死。所以後人對你有**這種那種**的看法，真的很重要嗎？」

　　沒錯，你在世時討厭的那些人，將被更多同樣討人厭的後人所取代。因此，何苦非得給這些無名而面目模糊的討厭後輩，留下深刻的印象？

　　馬可‧奧理略表示，畢竟我們死了，發生什麼也無所謂了。「亞歷山大大帝和他的騾夫都死了，兩人也都經歷同樣的事。」他寫道。也就是說，我們都會成為蟲食，回歸大自然的懷抱。

如何……

克服 FOMO 和攀比之心

「沒有人能得到他們想要的一切，但他們可以不去渴求自己沒有的東西，並欣然善用擁有的事物。」

——塞內卡

「生活的目標不在於成為大多數，而在於避免讓自己與瘋狂者同列。」

——馬可‧奧理略

　　每次與年輕朋友們聊天，他們會告訴我自己做了什麼，錯失了什麼。令人沮喪的FOMO，是一項非常千禧年代的特質，每個人時不時會感到這種痛苦。無論你身在何處，你不曾去過的地方，好像總是更有趣。

　　社群媒體讓每個人都能清楚地窺視朋友們享受的每場社交活動，但自己卻未受到邀請，或沒有機會參加。這是個痛苦的牢籠，但這種殘酷的發明卻令人上癮，讓人無法移開視線。如果你是1985年後出生的，情況一向如此。至少1990年代的青少年去參加派對時，不會盯著手機看自己沒能參加的精彩派對。在以前那個沒有手機和社群媒體的年代，人們反而更能享受當下。

　　FOMO是真實存在的，且常影響人們的生活。人們會因為害怕錯失什麼，而參加他們並不想去的活動，或在看到自己沒去的地方，或沒參加的派對照片時，妒火中燒。FOMO讓人忘記享受當下，而陷入「也許本來可以」的焦慮狀態。還有社會排斥（social exclusion）的問題。我們是群居動物；在社群中成長，歸屬感是幸福的根源之一。社群媒體及其引發的FOMO現象，在一定程度上是因為受社群排擠，或無法融入所造成的反應。害怕被排除在群組或儀式之外（或依據自己所在的年代，被排除在舞會、豐收祭或音樂會外），是一種古老的恐懼。拜Instagram所賜，我們現在處在一個移動式的鏡廳[37]裡，這種恐懼如影隨形，扭曲了一切。

　　我原本想把FOMO歸類到非常現代的問題中，但我對斯多

葛哲學鑽研得越深，便越是發現FOMO的問題一向存在，而斯多葛學派有各種對付它的辦法（還能有誰！）。他們竟能預測到我們的年代，並為這個經常覺得受到冷落和排擠的年代，籌謀劃策。

斯多葛學派跟FOMO相關的傳授內容，有些雖顯得有點矯情，但旨在確保我們能維持平靜，在感到FOMO即將襲來時，不會惶然不安。

未獲邀請時

第一個課程有點難度……因為你得放開心胸，對他人展現包容。

愛比克泰德總結FOMO的本質，問道：「有誰比你在娛樂活動、接受讚美，或接觸權貴時，更受歡迎嗎？」翻譯如下：有人出席你沒能參加的派對、得到你沒得到的恭維，或跟某些重要人物交往嗎？

愛比克泰德的建議是：「如果這些是好事，你應該替獲得這些機會的人高興；如果是壞事，沒得到也不必傷心。」

基本上，如果有人參加你未能獲邀的派對，你應該替他們高興才對。這表示你人品高尚，能為別人歡喜，即使自己沒法

---

37 **鏡廳**：鏡廳是凡爾賽宮，中央走廊的房間之一，有三百五十七面鏡子。

得到。

　　第二部分是：如果你渴望得到，卻被排除在外的事物，對你並無益處（多喝一瓶酒、到廁所隔間裡吸古柯鹼），你應該慶幸自己錯過了。因為你錯過的事，可能有損品德——這對斯多葛主義者來說是大忌。

權衡取捨

　　斯多葛學派在處理FOMO時，還提到權衡取捨的問題。你的朋友去了音樂節，你看到他們放在社群媒體上的照片，覺得有錯失恐懼——但看看自己有什麼吧：你省下了兩百元票錢，趁機享受一夜好眠，翌日早晨不會宿醉。

　　在談到權衡取捨時，愛比克泰德（在這個翻譯版本中）舉生菜為例——但不妨用更有趣的東西取代「生菜」：如派對、假期、節慶、音樂會……「生菜賣多少錢？例如賣五毛。如果另一個人付了五毛錢，拿走生菜，你沒付錢，沒帶走生菜。不要去想對方比你多了什麼優勢。因為他雖然有了生菜，你卻擁有沒付出去的五毛錢。」

　　錯過一場活動，你不必委曲求全地討好主人或去奉承她，因此不會折損你的品格或有社交義務。愛比克泰德寫道：

　　　如此看來，你未獲邀請參加此人的娛樂活動，因為你
　　　沒有支付他餐費。這筆餐費是以讚美支付、以出席換

來的。如果出席對你有利，就給這位主人等值的東
西。你若不願付出，又想得到別的，那就是你貪得無
厭，愚蠢不堪了。除了這場餐宴，你難道就沒得到別
的東西嗎？當然有：你不必逢迎自己不想稱讚的人；
不必忍受他的舉止。

散文家亞當・菲力浦（Adam Phillips）是心理分析領域的
思想翹楚，他在《倫敦書評》雜誌上談到FOMO時，直指斯多
葛學派的精神：

> 沒跟上隊，可能會喚起跟上隊後，所想像不到的機
> 會。如果沒收到派對邀約，或許我會重新思考，自己
> 想要別的什麼：獲邀的風險，就是不用選擇，說不定
> 我想接到其他人的邀約。知道或認為知道自己要什
> 麼，就不必害怕選擇了。希望別被排除，會看不清自
> 己要什麼，也點明了我們如何回避自己的欲望。

簡言之，當你害怕錯過時，請記住古人的建議。首先，沒
參加某場活動，你也許便不會做出有損品格的事，比如在派對
上喝到酩酊大醉，害自己出糗。其次，錯過一件事，你反而能
騰出時間和空間從事另一件事（或者至少省點錢）；第三，錯
過一場活動，便不必去逢迎拍馬，跟自己討厭的人相處了。

莫要攀比

與FOMO密切相關的是恐怖的人比人。拿自己與別人相比,是通往不快樂的必然之路。

想想你一路讀到大學的情況。學校裡每個人都在同一條船上,穿同樣的制服,每天一起上一樣的課,生活方式都差不多。大家可能分開各自上大學,在大學裡,你與同儕有著類似的經歷。問題從你畢業之後才開始,有些人也許去旅行,或到酒吧工作幾年,其他人則選擇到高薪的公司上班,還有些人早早結婚組建家庭。突然間,你和朋友們不再走在同一條軌道上了。也許你覺得自己在人生路上走錯路,做了糟糕的選擇,然後便有了FOMO。你開始比來比去,這是很不健康的,不僅會損害友誼,還可能破壞本可從自己生活中得到的樂趣。不與他人攀比,可省去很多人生旅程中的痛苦。你甚至不知道自己因下意識地與人比較,而製造痛苦。你若放下攀比之心,不僅會覺得生活更加圓滿,你身邊的人也會更舒服自在。

上下比較

比較有兩種方向,兩種都不好。例如,你拿自己跟薪水比你高的朋友相比,你會覺得自己挺差。但如果你把自己與境況差的人相比,例如最近剛失業的朋友,你會因此沾沾自喜,這是踩在別人痛處上的自得。比較心會產生原本沒有的分隔與分

裂，表示你未能平等看待朋友，而是自視高人一等（沒有人想和優越感爆棚的人交朋友）。

朋友遇到問題時，覺得幸災樂禍其實滿常見的。戈爾・維達爾（Gore Vidal）曾說，畢竟「每回有朋友成功了，我就覺得死掉一點點。」也許是因為你會無意識地與友人競比，認為生活是一種零和遊戲。當朋友有所損失，你便下意識地感覺自己倖免於難，慶幸自己不像朋友那般倒楣。這些想法雖不理性，卻十分常見。

分隔的相反是連接，但我們在做比較時會斷開連接。真正的朋友，絕不會因為朋友蒙難而竊喜，真正的朋友會為朋友的成功雀躍，為朋友的損失悲傷。

幸災樂禍不是我們的錯，這只是我們出於本能地彼此競爭時，會有的無意識反應。

我們處在新自由主義[38]的衰落期，攀比之心受到鼓勵（以及隨之而來的彼此分隔），甚至被視為正常。我們有著強烈的稀缺心態，下意識地把世上的戰利品，無論是顏值、運動能力、才華、地位或金錢，都當成是有限的。生活與資源成了一種零和遊戲：我們無法把好東西全都分享出去，如果有人贏了，必然就有人會輸。但這並不是真的！我們都能贏，尤其若

38 **新自由主義：** neo-liberalism，二十世紀末的一種政治經濟學，強調自由市場機制，主張國家減少對商業行為和財產權的管制。

能像斯多葛學派一樣，把「贏」定義在我們能全然掌控的事物上，比如我們的品格、對待他人的方式，以及我們對事物的回應。

回到控制二分法

我們還有更多盡量別與人攀比的理由，我們得再回到控制二分法上。

斯多葛學派的人甚至會拒絕攀比的念頭，因為企圖獲得他人之物，很大程度上超出了你的控制範圍。

記住了：你只能控制自己的品格、對待他人的方式和自己的回應——其他皆非你所能控制，包括地位或別人對你的看法。

相互比較之心，部分來自於欲望，而欲望往往會導致不快樂。因為你渴望的事，超乎你的控制範圍。想想你曾有過的單戀，單戀之苦多半來自渴求與對方相戀相依，但我們沒辦法控制對方是否回應我們的愛。

如果你渴望提升自己的品格，或更好地掌控自己的反應、行動，或更善待他人，你一定可以成功，但其他事項，都有令你失望的風險，因為會有許多不可控的因素。

例如，你想跟同事賺一樣多的錢，因為相較之下你的薪資過低。你可以嘗試升職或換工作，但這些事不全然由你決定，所以在追求無力掌控的事物時，你的寧靜可能會受到干擾。你

無法控制別人的才幹，人外有人天外有天，但也有人比你差。你若能放棄比較遊戲，專心提升自己，其實會更好。

你可以讚揚別人，你的自我雖然會從中作梗，卻是能被馴服並控制住的。我們必須要能從別人的成功中找到快樂，如果我們能夠釋懷，便不會受負面情緒主宰，自在地過好自己想要的生活。

我們的目標是為自己定義成功：這是我們唯一能控制的事。我們無法控制別人。

當生活變得艱難

「不攀比」的原則，不僅適用於日常生活，像是比誰的車子、工作好，或誰家的孩子最乖。當生活遭變，異常艱困時，也非常好用。

如果你在生活順遂時，老愛跟人比較，那麼在生活困頓時，你一定格外辛苦。

假若你得了癌症，需要接受長期辛苦的治療或磨人的康復過程，你還不停地把自己跟那些健康，或作息正常的人相比較，豈不是自找苦吃。在這種情況下，你會異常痛苦，受雙重煎熬：一來受疾病所苦，二來受比較之心折磨，因為你心裡覺得自己比別人更不幸。你無法控制疾病本身——身體的事，你僅有一部分的控制權——卻能控制自己，莫要不斷與人比較，才能減輕自己的痛苦。

楷模

　　當然了，所謂的「莫做比較」，是在建議你去抵抗一股習以為常的強大潮流，或許你這一生都在這股潮流中泅泳。人都會不經意地拿自己與別人相比，我們藉著與同儕、與更廣泛的社會做比較，以發現、了解「我是誰」。

　　比較可能造成嫉妒、羨慕、優越感或自卑的心理折磨。但斯多葛哲學提供了一種解決之道，讓我們能「與同儕共融」，又不會有攀比的負擔。那就是找一名楷模。

　　找到可效仿的楷模，能滿足我們求好求精的需要，讓我們看到自己想成為的那種人，有什麼基本標準，以及我們能達成什麼。楷模不必是斯多葛學家，他們可以是你認識或不認識的人，但他們的工作、哲思或生活方式，是你所欣賞的。他們甚至不必在世。馬可‧奧理略雖已仙逝良久，仍被各界人士奉為楷模，包括美國前總統柯林頓和英國作家查蒂‧史密斯（Zadie Smith）。

　　我的楷模，是一群在新聞領域中專業成就斐然的人士，他們都是善良、慷慨而真誠的人。

　　我拿自己與他們相比，但盡量地做正面的比較，我不會因為沒有達到他們的高度而灰心喪志，反是利用他們的成就，來激勵自己做得更好。

　　我在新聞業見過來來去去的競爭對手，雖然我一直從事這個行業，卻經歷過高低起伏，常見到同輩的記者，事業超前，

飛黃騰達，比我賺更多錢，享有更高的知名度。與其被嫉妒吞沒，我發現支持他人的成功，反而更好。新聞圈很小，對同事最好別有惡意。若能彼此相互支持，而不是將身邊每個人視作威脅，你的職業生涯能走得更長久。稀缺心態是一種錯誤的態度，只會限制住你。

我將那些卓然有成，令我激賞的同事，視為榜樣。他們若幹得有聲有色，我便受到激勵和啟發；我若遇到工作瓶頸，便到網上搜尋這些楷模的名字，閱讀他們的作品，提振士氣，回來寫自己的故事就不會那麼卡了。

關於如何選擇斯多葛楷模，塞內卡的建議是：

選擇那些言行一致、表裡如一、贏得你認可的人。時時以他為念，做為自己的守護者或楷模。在我看來，我們需要一種模範，作為衡量自己品格的標準。若是沒有這把尺，便無法補偏救弊。

如何利用比較

最好的比較是跟自己相比。你現在是否做得比去年好？應對得更好？你只需比過去進步，盡己所能就可以了。

斯多葛哲學家以日記作為反省和評估自我進修的工具。有了日記，便能藉此回顧、評量，相較於前一年、兩年或十年前，自己是否有所增益。日記能清晰地呈現你當時的經歷。你

唯一該做的比較，就是與過去的自己相比。

日記是絕佳的宣洩工具，讓你傾倒那些可能羞於見人、過於粗暴和醜陋的情緒。人在情緒上頭時，很難相信情緒會淡化消失。回顧承受巨大痛苦的自己，並不是一件愉快的事。但人會忘記強烈情緒及肉體痛苦的細節，其實有其原因。永世難忘的絕望，等於在提醒自己不該再去愛或信任別人，因此大自然賜予我們遺忘的能力。在理想狀況下，日記可能讓你淺嘗過去的痛苦，但不致引發當時的困苦感受。

回顧過去，有利於看清痛苦的根源。如今回望，我可以明顯地看出，此時我所享受的任何成功，都是過去辛苦失敗後結出的果實：未發表的小說，一部以新聞編輯部為背景，但從沒拍成片的十六集電視影集，以及寫好了，但從未演出的劇本。沒關係。那些事有沒有成功真的不重要，它們只是我學習的一部分，我直到完成之後，才了解到自己一直在當學徒。

如何⋯⋯

戰勝焦慮

「真實的問題所帶給人的憂慮,沒有杞人憂天所造成
的焦慮大。」

—— 伊比鳩魯

「野生動物會逃離牠們看得見的危險,一旦逃脫後便
不再擔憂了。而人類卻受到過去與未來的折磨。我們
的許多天賦對我們反而造成傷害,因為回憶會帶回恐
懼的痛苦,而預測則令我們提前憂慮。沒有人把自己
的不幸局限在當下。」

—— 塞內卡

2022年初，我去找牙醫配製夜裡戴的護齒套，保護我那不斷磨咬而受損的牙齒琺瑯質。

我覺得這件事有點丟臉，我還以為自己是那種很冷靜、放鬆、**淡定**的人。我的意思是，也許我是有點焦慮，但那已經過去很久了！

牙醫說，我不是唯一有這種問題的人。他忙得不可開交，為焦慮的雪梨人配製護齒套，這些人藉著夜裡磨牙，來排解身體的焦慮。

澳洲牙科協會，維多利亞分會主席傑瑞米·斯特森（Jeremy Sternson）告訴澳洲廣播公司（ABC）說，2021年是裂牙爆發年。他表示：「通常一年內，可能會看到幾位這種患者，但現在我們每天都會看到三四個病例。」人們因頸部、下頜和臉部疼痛，或牙齒裂開而前來就診，牙醫們將之歸因於壓力。

關於焦慮，實在沒什麼好說的，它是人人幾乎都有的預設狀態，隨時隨地，此時此刻。你焦慮了好多年（何時開始的？2018年還是2014年？或者是2020年？），很少有人不曾經歷過凌晨四點醒來，害怕到胃部揪緊、心跳加速，晚上十點鐘在超市空蕩蕩的衛生紙貨架前，覺得恐慌就要發作了。也很少有人不曾心碎和害怕過，他們關閉網頁，關掉新聞，因為再也無法忍受。然後是心理遊戲和假裝——試圖在一日之初說服自

己，如果不看新聞，世上所有發生的事，就**沒有發生**，你可以在自己家裡或腦海中，建立一個新的耶路撒冷，不受外界影響，那些事真的與你和你的家庭**無關**，因為你又不是什麼大人物，你只是單純去上班，支付房貸和撫養孩子，並把其他一切封鎖在外罷了……於是你拚命假裝家門外一切歲月靜好。

所以，我們就這樣繼續打混下去。焦慮逐漸積聚，攢在骨頭上，我們心臟周邊的軟組織變硬了，腎上腺皮質激素快速分泌，全身血液奔竄，接下來便不時地陷入更加疲憊的新倦怠裡，有時似乎怎麼都提不起勁。你曾經如此疲倦過嗎？會有人像你此刻這般疲倦嗎？不，不，不。不可能。

然後還有一幕幕陰暗、脆弱、嚴峻的時刻，像一串串的派對彩燈般，掛在世界的盡頭。你發誓，以前從未有過這種末日感。在這些深度焦慮的時刻裡，那些沒有子女的人會感到一種悲傷的釋然，而那些有子女的，則會有股五味雜陳的罪惡感。

至少對我而言，新冠疫情的焦慮，已融入我對地球的無形焦慮中了。

2022 年夏季，我們本該要「恢復正常」了，但到處都有失序的跡象。雨下個不停，牛隻被沖到新南威爾斯州北部的海灘上——如果這件事本身不是那麼糟糕，牛群不是那麼茫然詭異地走在沙灘上，其實應該還蠻好笑的。在麗斯摩（Lismore），

人們在屋頂上開洞,拚命爬到高於洪水的地方。有位女士的房子同時遭遇洪患和火災。雪梨連月大雨,而珀斯(Perth)則經歷有史以來最炎熱的夏季。在這個怪誕的季節裡,人們不斷重複著這句話:「我們何時才能回歸正常的夏季?」

當我們思索並歷經這個混亂無序的夏季時,很容易產生可怕的末世念頭。如果我們不再活在熟知的世界裡,世界不再提供我們穩定安全的節奏,我們便會覺得岌岌可危,與地球和令人安心的四季節奏脫節。

但這並不是我們這個時代獨有的焦慮。古斯多葛哲學家相信,地球會定期被大火焚毀[39],進行儀式性的淨化,然後再重新開始。斯多葛學派相信,毀滅會發生在文明達到最精緻和複雜的時期(如同我們現在一樣)。斯多葛哲學家認為,當被稱為蓋亞(Gaia)的完美自然平衡受到干擾,則崩潰必不可免,這點很能與現代的環保運動相互呼應。

塞內卡認為,毀滅將以洪災的形式發生。在他出色的劇本《賽斯提斯》(Thyestes)中,合唱團問道:「自然還可能帶來更可怕的事嗎?」

信使答道:「你以為不可能再糟了嗎?/這只是序幕而已。」

賽斯提斯的幽靈說:「自然已遭受顛覆/我已造成該死的混亂,所以父不父,子不子,白天變成了黑夜。」

你以為不可能再糟了嗎?/這只是序幕而已。兩千年後,接近七十三萬個日夜之後,塞內卡的焦慮跟我們的焦慮相遇

了。

　　還有另一個呼應處——今日世界對超級全球化的憂慮。詹姆斯‧羅姆在精彩的塞內卡傳記《日復一日的死亡》（James Romm，*Dying Every Day*）中談到，塞內卡在羅馬擴張疆土時，心中的不安。

> 就像聖經裡巴別塔的故事一樣，文明的複雜性，似乎
> 自帶毀滅的種子⋯⋯以前一艘船便能擾亂自然秩序，
> 現在羅馬卻在海上到處走船，混雜各個種族，模糊了
> 全球的邊界。在塞內卡看來⋯⋯帝國不斷擴張，將和
> 宇宙為敵。當每個人都能隨處走動，沒有邊界能保持
> 完整時，整體的崩壞之日便不遠矣。

　　我們很容易把焦慮看成是智慧型手機帶來的現代病，而且因為疫情和氣候變遷，越演越烈，但斯多葛學派在他們的著作中經常提及焦慮。他們也非常擔憂氣候（但跟我們這個時代對氣候的焦慮不同，因為沒有科學和大量資料做背書）。

　　斯多葛學派也試圖處理日常生活的焦慮，或許是害怕錢不夠用，擔心失去所愛的人、關係或地位，或害怕生病、死亡。

---

39 （斯多葛學派）的「毀滅」：Ekpyrosis，斯多葛學派認為時間沒有開端，而是不斷的輪迴，每次宇宙皆以焚毀和新生為終結，週而復始。

也有可能是工作面試、單戀某人，或公開演講造成的焦慮，或只是更廣泛而飄忽不定的恐懼本身，或身體的一種感覺，或擔心即將來臨的恐慌發作。這些對心情的寧靜，有極強的破壞力。

別怕！斯多葛哲學有許多教誨，都是針對焦慮所制定，他們甚至試圖一直利用焦慮，做為測試自身美德的方式。

培養韌性

斯多葛學派歡迎艱苦，就像準備充分的學生一樣喜歡考試。斯多葛學派認為生活（以及美德的培養），是為了訓練我們面對此時此刻（以及當時他們所處的時候），我們的品格、韌性、智慧和勇氣都會受到考驗。

愛比克泰德說：「越是困難，克服的榮耀就越大。技術高超的船長憑藉暴風雨來博取信譽。」

他認為危機是揭示個人本質的一種方式：「環境不會塑造一個人，環境只會讓一個人看清自己。」

韌性是一種可以培養的能力，而非天生繼承的東西。使用控制二分法，掌控自己的品格，並培養韌性，這是發展品格的重要環節。

現代斯多葛哲學作家威廉‧歐文（William Irvine）建議，將挫折視為斯多葛式的考驗，以利克服問題、培育韌性，並縮減負面的情緒。他說，這其中要克服的一件事是我們的潛意

識,我們總在遇到困難時,下意識地去責怪與批判。這些都與斯多葛哲學相牴觸,因此,「把挫折視做斯多葛式的考驗,便能使潛意識跳脫『挫折——回應』的死循環。更確切地說,我們阻止潛意識針對性地去解釋挫折,怪罪別人利用我們,或占我們的便宜。」

如此一來,我們的情緒不會像原本那樣被觸發,使理性思維能夠介入,並且免於承受更大的挫折感。歐文表示:「到目前為止,最大的代價,就只是挫折引發的情緒困擾而已。」

根據歐文的說法,如果我們能妥善地處理挫折,不僅能避免負面情緒,還能在應付挑戰後,感受到正面的情緒,包括自豪、滿足感和喜悅。

當我們理性並明確地面對挫折,不怪罪任何人地迎向挑戰,等於是在鍛煉四項美德之一的勇氣。勇氣是幫助建立韌性的重要條件,是推動我們度過難關的引擎,勇氣賜與我們覺知和知識,讓我們知道自己能完成艱難的事。

如果沒有挫折,我們便無法知道自己是否有勇氣。

歐文舉了一個例子,有個叫約翰的年輕人因受到父母的溺愛和呵護,不必面對艱辛的世界。成人後約翰因缺乏對付挫折的韌性,反而「體驗到強烈的敵意與絕望。同理,他可能不會把自己經歷的失敗,視作通往成功之路的墊腳石,而僅將之視為痛苦難忘的事件。約翰還可能極容易被他人的言語或行為冒犯到,即使別人竭盡全力地避免冒犯他。」

約翰有顆玻璃心,不懂在逆境中站穩腳步。歐文把約翰跟

其曾祖父母做比較,老人家應該經歷過二次大戰,面對過諸多挫折和武裝衝突,但「卻比以前更堅強,更珍惜生命」。

歐文提出了一個有趣的問題,為何生於歌舞昇平的一代,比歷經艱辛的祖輩,更脆弱且不快樂。他說,答案是因為他們不曾經受過考驗,沒有培養出韌性。

我覺得因新冠疫情而錯失兩年教育,並面對嚴峻氣候危機的年輕一代,將會比他們的父母更具韌性。這些年輕人在過去兩年,被迫發展出非凡的韌性與彈性,他們做出許多犧牲,好讓那些比他們年長許多的人,免於受到新冠疫情的嚴重打擊。我們的領導者,並未對孩子們所作的犧牲表示足夠的感謝。我期待看到這些勇敢的年輕人,在經歷這麼多斯多葛式的挑戰後,踏入這個世界。

當今之世,我們可以接受心理治療,處理焦慮的根由,也可以服用改變我們大腦化學物質的藥物,來減輕焦慮。我們可以用藥物、酒精來麻痺焦慮,或透過限縮接觸帶來焦慮的事物,迴避焦慮。

不同的人會使用不同的工具,但工具箱裡還有一把利器,那就是一系列能協助減輕或緩解焦慮的斯多葛練習及原則。

檢視訊息

如果你每天掛在新聞網站和社群媒體幾個小時，便很難保持冷靜。假新聞的氾濫，只會令人越看越焦慮。你眼見的是真的嗎？哪些資訊能信任？你該對哪些資訊採取行動？難怪大家會那麼困惑和焦慮了。

斯多葛學派會建議你，焦慮時，例如在疫情或戰爭期間，要格外小心自己面對的媒體和觀點。愛比克泰德建議道：「其他人的觀點和煩惱可能具傳染性，別因為與他人交往，而囫圇吞棗地採納負面、無建設性的態度，結果毀了自己。」

斯多葛哲學重視理性思考，依據周全的資訊去行動，全面性地審時度勢，而非草率行事，或因恐慌和焦慮而出手。馬可・奧理略的辦法是，不容許自己的思維被負面情緒占據。「宇宙是變動的；我們的生活取決於我們的思維。」他在日記裡如此寫道。

對你來說，這可能意味著僅選擇一兩個可信的新聞來源，限制查看新聞和社群媒體的時間。獲取資訊和被資訊淹沒之間，僅有一水之隔。最好在早晨和下午或晚餐前挑個時間，在可信的來源上查看當天的新聞。其餘時間則拿來關注自己的生活和身邊的人，而不是被牽著走，為遠方人士遭遇的慘事擔憂焦慮，你根本無法立即去影響或改變那些人的處境。

以控制二分法平復焦慮

愛比克泰德說：「通往快樂的方法只有一種，那就是停止擔心那些超出我們能力或意願的事。」

再次強調，一開始就應該用愛比克泰德的控制二分法來檢視一切。我們唯一可控制的是自己的品格、行動和反應，以及我們對待他人的方式，其他一切皆不可控。

假設你收到老闆傳來莫名的訊息，要求你週一到公司見她，這種訊息可能引發各種焦慮。你的第一反應可能是自己犯錯了，老闆要撕了你。這種焦慮反應就是恐懼。且讓我們像斯多葛學者一樣審視此事：如果你工作上沒有犯錯，品德端正，工作表現良好，有什麼好擔心的。

或者你怕公司陷入了困難，即將裁員。假如你擔心的是這個，那就好好好控制二分法檢視一下。你會明白，果真如此的話，裁員不是你能掌控的。情況既不可控，就需放下焦慮，順勢而為。

焦慮的人會為，說的比做起來容易，但運用理性去面對恐懼和焦慮，是擺脫恐懼，進入偉大的斯多葛美德「勇氣」的第一步。勇氣使你能堅強地承受壞消息，帶著最少的痛苦繼續前行。

無動於衷：被偷的燈

每當我們因失去而焦慮萬分時，無論是失去人、物品，還是財富，應記住，擁有這些事物，並非我們所能控制，儘管其中一些是我們所**喜愛**的，但無論我們是否擁有，都應保持**無動於衷**的態度。

愛比克泰德以他被偷走的燈為例（我們在〈如何做個好人〉的章節中討論過）：「我在家廟邊放了一盞鐵製的燈，我聽到窗口傳來聲響，便衝下樓去看，結果發現燈被偷了。我心想，偷燈的人應該有他的原因吧。那麼接下來呢？我說，明天去弄盞陶燈就好了。沒錯，一個人只會失去他已經擁有的東西。」

這段文字蘊含了許多訓示，但我用它來反省焦慮的問題，我們不應為失去的事物感到焦慮，因為事物——一盞燈、一份工作、金錢，甚至是友情，都是反覆不定的。我們唯一需要擔心並專注的是自己的品格。由於品格及其培育完全掌握在我們自己手中，因此我們沒有必要感到焦慮。

一步一腳印

當我們焦慮不安時，應牢記馬可・奧理略的指示：「莫要被自己的想像淹沒，僅需盡己所能，做自己應做之事。」

斯多葛哲學家說，要一步一腳印地前進，只要專注於當下即可。這意味著莫迷失於過去的白日夢裡，或對未來的幻想和恐懼中，只專心處理眼前的事情。

「照顧好此時此刻，全心投注在細節中。對此人或那人、對這項挑戰、對這件事情做回應。別逃避，別給自己找無謂的麻煩。真真正正地活在當下；全心投入到你此時的情境裡。你不是冷漠的旁觀者，參與進來，並全力以赴。」愛比克泰德說道。

苦其心志勞其筋骨

從古至今的斯多葛學派，有許多刻意讓自己困頓的練習，包括冰浴、赤腳行走硬路、斷食，在公眾場合穿滑稽衣服，讓自己備受嘲弄，這些我們在〈如何應付災難〉已有著墨。其背後的思維是，如果你能忍受困苦、不適或匱乏，將來哪天沒飯吃、暖氣或漂亮衣服可穿時，便不會覺得難受了。

莫索尼烏斯・魯弗斯說，他透過這種不適的訓練，來淬煉自己的勇氣。還記得塞內卡在《道德書簡》的建議：「找一段時間，安於過最清貧，最糲食粗衣的生活，同時告訴自己：

『我會害怕這種情況嗎？』」

如果你成功地斷食，或大幅減低生活開銷，命運便很難在你身處頹勢時，出其不意地打擊你了。你已經受過訓練，知道自己能忍受危機（「我會害怕這種情況嗎？」）。

塞內卡曾說：「如果你不希望危機讓一個人變得畏縮，那麼就在危機到來之前訓練他。」

詹姆斯．史托克戴爾的故事（James Stockdale）

有一本小書，寫了一則波瀾壯闊的故事，這比任何斯多葛哲學指南（包括本書在內），更能闡釋付諸實踐的斯多葛哲學是何種情況。

這是1993年，海軍中將詹姆斯．史托克戴爾在倫敦的一場演說，後來出版成書，書名為《火焰下的勇氣：愛比克泰德教義的人類行為實驗》（*Courage Under Fire: Testing Epictetus's doctrines in a laboratory of human behavior.*）。

你只需知道在那之前，三十八歲的海軍飛行員史托克戴爾，在史丹佛大學讀研究所時期接觸哲學就行了。

1962年，研究所二年級生，史托克戴爾正在攻讀國際關係，希望能成為五角大廈的戰略規畫員。

一個偶然間，就像斯多葛主義常說的那樣，課餘休息的史托克戴爾，在某個冬天早晨，「來到了史丹佛大學的哲學角落」。

　　一開始，一頭灰髮的史托克戴爾被人文與科學院院長菲利浦・林蘭德誤認成教授，林蘭德自己在教哲學。兩位男士一見如故。為了彌補史托克戴爾欠缺的哲學根底，兩人安排每週一小時私下教學。林蘭德在最後一堂課給了史托克戴爾一本愛比克泰德的《手冊》。

　　據史托克戴爾表示，林蘭德解釋說，在古羅馬當過奴隸的愛比克泰德，「從早年經歷的極端殘暴，以及親身觀察到的權力濫用和放縱淫亂中，汲取了智慧，而非苦楚。」史托克戴爾很喜歡愛比克泰德，覺得他的文章直白簡要，極具吸引力。

　　1965年，回軍方服役的史托克戴爾在越南駕駛飛機。他低空飛掠樹梢頂端，結果被越共擊落。史托克戴爾從機艙彈射而出，墜往地面，「我大約只剩三十秒的時間可以自由發表言論了……所以請保佑我吧。我低聲對自己說，『至少五年跑不掉，我就要離開科技世界，進入愛比克泰德的世界裡了。』」

　　史托克戴爾一落到地面，便遭到圍攻，然後被一名戴警員頭盔的男人粗暴地弄斷他的腿。愛比克泰德的「無動於衷」概念，又一次幫了他：「跛腿只是腿不方便罷了，並不會妨礙到意志。」

　　史托克戴爾被關入附近監獄，在裡頭度過了七年半。他在惡劣、殘酷而痛苦的環境下，帶領一群五十名左右的戰俘。

　　根據二戰後協議，美國戰俘即使在俘虜期間，也不得破壞指揮鏈，且絕不可向敵人提供任何可能傷害戰友的資訊。他們都在同一條船上，級別最高的四十二歲史托克戴爾，在監獄裡

負責指揮，將被囚的美國士兵，變成斯多葛哲學的實驗對象。

戰俘群裡，每個人都受到無休無止的刑求，經歷漫長而耗損精神的隔離。史托克戴爾每天都遭到審訊。

史托克戴爾所做的第一件事，便是使用控制二分法區分囚禁期時，自己可控或不可控的事。他能控制的事項有「自己的觀點、目標、厭惡、自己的悲傷、喜悅、判斷、對事情的態度，以及自己的善與惡」。

然後他運用斯多葛的「無動於衷」原則。史托克戴爾的社會地位在那墜往地面的三十秒裡，突然從高處跌到低點（成為「一名被蔑視的對象」）。他說：「所以在你內心深處，千萬千萬要淡然地看待自己在生活中的地位，不是輕視，只是要可有可無。」

情緒是史托克戴爾面臨的下一項斯多葛挑戰。他發現自己的困境和酷刑可能永無休止之日，而他必須接受這點。最容易崩潰的人，是那些以為自己會獲救的人（根據普里莫・萊維[40]的描述，集中營裡的情況亦是如此）。使用負面想像時，你必須想像自己不會獲救，同時直面自己的現實處境，莫要太過依賴希望。這就是史托克戴爾所說的可控態度。後來他在作家詹姆・柯林斯（Jim Collins）的採訪中表示：「樂觀主義者——

---

40 **普里莫・萊維**：Primo Levi，猶太裔義大利作家，被譽為義大利國寶，著有《滅頂與生還》等作品。

噢，就是那些說『我們聖誕節前就會被放出來了』的人，聖誕·
節來了，聖誕節過去了。然後他們便說，『我們會在復活節前
出來。』復活節來了又過去了，然後是感恩節，接著聖誕節又
來臨了。後來他們便心碎而死……這是個非常重要的教訓。你
絕不能把自己最終會戰勝的信念，絕對不能失去的這個信念，
跟當前現實中最殘酷的事實混淆在一起，無論是什麼事實。」

　　史托克戴爾不會過度關注未來，藉此忍受漫無止盡的惡劣
監獄環境。他在《火焰下的勇氣》中說：「我過一天算一天。」
這與愛比克泰德的說法相呼應，「照顧好此時此刻，全心投注
在細節中。對此人或那人、對這項挑戰、這件事，做出回
應。」。

　　對史托克戴爾而言，他的主要目標是，即便在最糟的情況
下，依然保有自尊。自尊是史托克戴爾可以掌控的。為了在集
中營裡維持尊嚴，他沒有背叛自己的國家或戰友；他必須維護
良好的品格。

　　歷經多年的折磨和單獨關押，加上一些手下死於嚴苛的酷
刑，他們又給史托克戴爾安排另一輪酷刑，他知道自己將痛苦
到無法對越共保密，他將因嚴刑逼供而背叛，使自己的品格飽
受折損。於是史托克戴爾在牢房裡砸破一些玻璃，劃破自己的
手腕，寧死也不願違背自己的品格（與小加圖相似）。關押他
的人發現後，為他包紮。後來史托克戴爾獲救出獄，享有輝煌
的職業生涯，史托克戴爾於2005年去世，享年八十一歲。他
將自己從集中營倖存下來的事——不僅肉體存活了，更保有其

自尊、尊嚴與精神，歸功於愛比克泰德的教誨。

停止期盼，便能放下恐懼

焦慮的向陽面是期盼：不是對未來投射出的陰暗願景，而是對未來充滿希望。史托克戴爾在囚禁期間，並沒有把時間花費在期盼釋放之上；他只是盡可能地，在自己能掌控的小範圍內，活出尊嚴與尊重。同樣的，普里莫・萊維在奧斯威辛集中營時，僅聚焦於每天的生存：每天只是努力地活下來。「在集中營內滋生渴盼，是一種心理死刑，因為沒有一個願望會實現。因此，滿腦飢餓地希望能得到食物，無疑是自我精神折磨，因為你永遠得不到足夠的食物。」

斯多葛學派對期盼頗為冷淡，視之為空想，以及一種對現實和清晰認知的否定。

塞內卡的朋友魯基里烏斯，也就是《道德書簡》的受信者，在西西里當公務員。有一天，魯基里烏斯得知一起針對他的嚴厲訴訟，可能會毀掉他的事業和聲譽。他苦惱萬分地寫信給塞內卡，後者回信道：「也許你期望我建議你想像有個幸福的結局，並沉浸在希望的誘惑中，」可是「我打算帶你走另一條通往內心平靜的路。」因此他最終的建議是：「如果你希望消除所有憂慮，就假設你所擔心的事，定然會發生。」

塞內卡在《道德書簡》中寫了句名言：「停止期盼，便能放下恐懼。」

期盼和恐懼是硬幣的兩面。你若有所希望，必然會害怕希望無法實現。

寧靜之心的代價就是放棄希望。對於重視寧靜的斯多葛學派人士來說，他們更願意支付這項代價。

例如，假設你是癮君子，但希望自己不會得肺癌（身為斯多葛人士，你**根本不該**有菸癮，因為上癮會影響理性思維和節制的美德——請忍耐一下）。每次你抽菸，便期盼自己是幸運的那方，但這種希望會伴隨恐懼。如果你希望某件事不會發生，那麼害怕它發生就很合情理了。誰願意活在恐懼裡？最好還是活在現實中吧。

如果癌症與每日抽兩包菸有密切關連，那麼斯多葛學派會**預期**遲早有一天罹癌。理性告訴他，這是必然。他照樣點菸，但不會希望自己能避掉統計資料，而是直視現實，**預期**自己不會是幸運的那一方。他會基於現實做出決定，而這個現實有可能是，「我喜歡抽菸，多過時時維護健康。」

這位斯多葛人士可以表示：「也許我的決定很爛，但至少我沒有自欺欺人，期盼自己能免於重病。」

最近，我向一名捲入複雜商業訴訟的朋友提出類似建議，這場訴訟已經拖延很多年了，他若是打輸了，將欠債數百萬，生意倒閉，說不定還要坐牢。我告訴他說：「要做最壞的心理準備。」跟塞內卡給魯基里烏斯的建議相似。

「然後希望能有最好的結果嗎？」他問。

「不，只能假設你會輸。」我答道。藉由假設會打輸官

司，他才能為最壞的情況做好準備。他將不再害怕，或不那麼害怕輸掉，因為他已經做過調整，不再寄望勝利，而是預期可能會輸。如此他才有心理準備，可能得身無分文地從零開始、名譽掃地，或去牢裡服刑。這些都不會是他想要的，但因此感到震驚且毫無準備，只會使他的處境更慘。

放棄期盼，部分原因是為了享受活在當下的踏實感，而非老是胡思亂想，對未來懷著憂懼與幻想。

當你有了期盼，便永遠無法完全心安。你把自己的幸福寄託在不可控的事物上，很可能極度失望。

「停止期盼，便能放下恐懼。」平靜取代了期盼和恐懼。

放棄希望還有另一個很好的理由。當你把期盼從生活中剔除後，也等於消除了它的對立面：無望。這真的是人類最糟的情緒之一，沒有比無望更慘的了。它是絕望的親兄弟，會自行創造黑暗的幻想，即覺得自己無法復原、一切再也不會順利、你永遠不會成功、境況永遠不會改變，你完蛋了。

Part 3
關鍵時刻

「立刻開始生活，並將每天當成獨立的一生。」

—— 塞內卡

「回顧歷史，看到那些興衰枯榮的帝國，你便也能預見未來。」

—— 馬可・奧理略

中年說來就來，毫無預警，我已經四十多歲了，怎麼會這樣子？雖是突如其來，卻也是逐漸到來的變化。隨著歲月推移，如何善用自己的時日，變得日益迫切了。時間感覺變得更加有限，浪擲光陰的問題開始困擾我了。

我會在夜深人靜和清晨時分，想到未完成的夢想、未選擇的道路、或許再也不會出現的機會和不曾有過的生活，而難過不已。也許我永遠不會搬去巴黎，在書店工作。我目前的人生已經定型了，有些事看來已固定下來，無論是好是壞。

未來還有更難過、更永久的失去。那是一整條系列的，失去熟人、精神導師、父母、朋友，他們將陸續離去、離去、離去……而系列的最終將通向自己的死亡。死亡，在我們崇尚青春的社會裡，是我們不懂如何啟齒的事。

在估算個人損失的同時，還有更大的系統性損失。

這些系統是生態和社會性的：它們是城市的清新空氣、大堡礁絢麗的色彩、健康的河流網絡、五彩繽紛的蝴蝶、潮起潮落的海灘。近年來遊走八方，使我見證到各種系統的崩壞。我曾在垂死的珊瑚礁間浮潛，看到宛如墓碑的白化珊瑚。我在德里只能小口呼吸，因為空氣品質極端惡劣，超過以往任何標準，我搭完人力車後，眼睛和喉嚨都難受到不行。我曾試圖走在受到侵蝕的海灘上，或在原本清澈但此時飄滿髒污垃圾的水中游泳，最後都沒能成功。

要徹底而活力四溢地活著，便也必須經受悲傷。我們現在就要討論這點。

如何……

傷逝

「有必要為生命的片段哭泣嗎？整個人生都會讓人流淚的。」

——塞內卡

「虛心接受，坦然放下。」

——馬可・奧理略

　　自從開始探索古智慧之旅後，我最常被問到的問題就是，斯多葛學派對於悲傷或失親的回應。悲傷的人感覺孤單無援，找不到指引的地圖或引導，帶領他們走出幽谷，他們想知道古斯多葛哲學的著作，能否提供任何安慰。

　　呃……斯多葛哲學能提供慰藉嗎？答案肯定與否定皆有。斯多葛學派常思索並撰寫與悲傷相關的內容。失親者詢問我時，若正處於痛苦迷惘的狀態，我會猶豫要不要給出斯多葛對悲慟的建議。你得花一生的時間，練習用斯多葛的方式去哀逝，這個過程最易受到誤解。對外行人來說，斯多葛學派處理悲傷的方式，可能過於嚴苛，甚至殘酷。但對於那些學習和實踐過斯多葛哲學的人而言，其處理方式與整套哲學相符，能帶給人力量，且充滿智慧。

　　因此，我雖推薦採取斯多葛的悲傷處理方式，但你最好趁所愛的人離去之前，先學會用斯多葛的方式去傷逝。

親人生前，便為其悲傷

　　為親者悲逝，第一步便是假想他們去世的情景，想像葬禮，並在腦中練習發表悼詞。藉由在心中練習悼詞，甚至在日記中寫些筆記，你會想起悲逝對象所有美好正面的特質。所以，當你看到對方，而對方還好端端地活著時（至少目前如此），是何等令人激動而美妙啊。你會為對方的獨特性，以及你和對方的關係，重新心懷感激。

我們在〈如何面對死亡〉一章中討論過負面想像。快速地練習負面想像，能使你適應心愛的親友不會永遠陪在身邊這件事，並且在腦中預演得知他們去世，或參加他們葬禮的情景。大多數人會覺得這些想法令人不快，但既然未來很可能發生，何妨想像親友離世，先給自己打一劑感情的疫苗。

心懷感恩

為在世親友悲傷的副產品之一，就是盡量在此時此刻珍惜他們。有話就說；別忽視友情或家庭關係；好好享受與親友相處的時間。別在與朋友或小孩相處時，分心去玩手機。

愛比克泰德勸說，失去朋友的方式不僅有死亡，還有爭執或環境改變。因此，應趁朋友還在我們身邊時，努力珍惜。

我們也應該對自己的生命心懷感恩。朋友可能突然死去或英年早逝，我們自己也可能如此。我們要預期自己享有的一切，都有終結之日。你不會想等到為時已晚後，才去享受世界和它所提供的一切吧。就像電影《千萬別抬頭》（Don't Look Up）中的最後一場戲，當李奧納多·狄卡皮歐的角色藍道對坐在桌邊的家人朋友說：「我們確實擁有過一切，不是嗎？」話音未落，致命的彗星便撞上地球，毀盡所有了。切莫等人世的最後一刻，才明白自己

「確實擁有過一切」。

我們如果明瞭時間是有限的資源,便比較不會浪費光陰。

斯多葛式的哀悼

塞內卡在流放科西嘉島時,寫信慰問朋友瑪西婭。瑪西婭因年輕的兒子梅提陸斯早逝,哀痛逾恆三年多。這封信看得出來,塞內卡不僅是位治療師,更是一位辯護律師,他提出許多觀點,說明瑪西婭為何不該繼續悲傷。這封信寫得非常出色,即便今天,對痛失親友的人來說,仍有醍醐灌頂之效。

信件開頭幾段,闡述了瑪西婭的問題,以及塞內卡認為她為什麼不該放任自己頑固地陷在情緒中走不出來。

如今三年已過,妳最初的椎心之痛,依舊未有消減。妳的哀慟不斷重燃,甚至越演越烈,妳的耽溺不前,使悲傷更有理由滯留不去,而今已達到一種羞於結束的地步了;就像所有惡習一樣,除非在萌生時便將之滅除,否則便會根深蒂固,因為這種憂傷痛苦的狀態,具備自我折磨的特質,最終將以苦痛為食物,使心靈的哀傷,成為一種病態的快感。我真應該在妳喪子初期,便開始治療妳。當時悲傷尚未凝固,可使用

更溫和的療法來抑制悲傷的攻擊；對於根深蒂固的惡
習，則必須採取更激烈的鬥爭。
同理也適用於創傷。傷口仍新鮮帶血時，很容易治
癒，等它們化膿並變成惡性潰瘍時，就得進行灼燒，
並割開用手指探觸傷口底部。因此現在我不可能用體
貼周到和溫和的辦法，來對付如此頑固的悲傷了；我
必須將它打成粉碎。

塞內卡認為瑪西婭必須跟自己的悲傷畫清界線。她若繼續
悲慟下去，恐怕會被從「生者名單」中除名。

他警告瑪西婭，他會用嚴厲的語氣：「溫和的撫慰方式就
留給別人吧；我決定跟妳的悲傷戰鬥，我將擦乾那雙疲憊不堪
的眼睛，老實告訴你，那對眼睛所流的淚，更多是出於習慣，
而非悲傷。」

他建議瑪西婭在悲傷時練習自制，如此才不至於受兩次
傷。第一次傷是兒子離世，第二次是延宕許久的哀悼。

塞內卡寫道：「這實在太瘋狂、太沒道理了！用不幸來懲
罰自己，而且還在舊傷上面添加新傷！」

我們現在應該已經很熟悉這種關於受苦的思維了。斯多葛
學派其實並不反對享樂，只是反對不必要的受苦罷了。情況容
許的話，他們會盡量避免受苦。

• 別人的兒子會死，你家兒子也有可能

塞內卡在信中試圖說服瑪西婭，喪子固然悲慘，卻不應太過驚訝，畢竟她知道有其他的年輕人去世，她的兒子為何就該有別於他人？

這句話呼應了愛比克泰德的觀點，他說：「當人家的妻子或孩子去世時，我們會對那人說：『唉，人生就是這樣啊。』可是若牽扯到自己家人，馬上就變成了『我怎麼那麼命苦！』我們若能記住自己在別人失親時的反應，對我們會比較好。」

這個適用於兩千年前的道理也適用於今天。我們看到周圍發生一堆亂七八糟的事——不斷有人染病死去。可是當我們自己或親友遇到這種事時，我們卻震驚不已，彷彿我們相信自己對死亡免疫（「**我希望我們能恢復舊有的生活。我們曾擁有史上最蓬勃的經濟，而且沒有死亡這回事。**」）。我們在面對氣候危機時，也有類似的脫節情況。理論上，我們知道自己的方向很糟糕，卻覺得滅絕或氣候崩潰不怎麼真切。

但我們從前面章節中知道，真正地**活在現實**中，是在世間採取行動，並減少自己與他人痛苦的一個環節。

塞內卡試圖帶我們進入現實，他用跟愛比克泰德相似的方式問道：

有多少喪葬隊伍從我們家門前經過？但我們不會想到死亡。有多少早逝的人？我們卻只想到自己的兒子會

長大成人，到軍中服役，或繼承父親的財產。有多少富人在我們眼前突然一貧如洗，但我們卻從未想過自己也暴露在同樣的風險下？因此，當不幸降臨時，我們忍不住徹底崩潰，因為我們受到打擊。

• 控制二分法與悲傷

塞內卡勸告瑪西婭，「我們不該為無法控制的事情難過。」回顧一下控制二分法，人的死亡，包括你自己的，是沒辦法控制的（除非是自尋短見）。因此，你不該過度悲傷，因為你不會希望自己為了無法控制的事，而受兩次傷。

• 理性的哀悼

斯多葛學派並不反對哀悼；他們想避免的是**過度**哀悼。當悲痛期自然而然地來到尾聲時，我們可以運用判斷與理性，評估該是否該繼續往前了，並據此採取行動。這是為了保護自己的幸福與心理健康。塞內卡認為，瑪西婭的悲傷延宕太久，已超出合理的時間。他告訴瑪西婭，就連她的朋友也覺得尷尬，不知如何面對久久走不出悲傷的她，或該跟她說些什麼。

「我懇求妳莫再固執己見，讓朋友們不知如何是好。妳必須覺察到，沒有人知道該怎麼做……」

他舉了另外兩位傷逝的母親為例。奧蒂維亞走不出傷痛，

且疏忽其餘家人與職責。

　　但另一位母親莉維雅，「最終為兒子德魯蘇斯安葬，並把自己的悲傷連同愛子一起埋入墳墓裡，不再過度哀慟，無論死的是凱撒大帝或兒子，她都一視同仁。」

　　塞內卡告訴瑪西婭，她有兩種選擇：

因此，請從這兩個例子中，選出何者更值得讚揚：如果妳較喜歡遵循前者，妳將與生者脫節……反之，妳若能展現更溫和、自律的精神，試著效仿後面那位令人景仰的女士，妳將不會陷入痛苦，也不會因痛苦而損耗自己的生命。

● 運用各項美德，度過難關

　　力行斯多葛哲學的人（比如現在的你），會覺察到四項美德，並花時間去磨練它們。這些美德就像超能力，當生活中遇到各種挑戰時，會助你一臂之力，包括面臨悲傷。有了智慧與勇氣，你可以找到力量，克服失親之痛，同時用人生的高度去看待失親，了解萬物終有一死，生死本就是一種循環。節制的美德，還能使你意識到自己是否過度哀傷，或相反地變得過於麻木。亞里斯多德的中庸適用於生活中各種情緒與事件，節制也同樣適用於哀傷，「因為即使是哀悼，也能有節有度。」塞內卡寫道。

● 悲傷時使用判斷

在 Part 1 的〈如何斬斷憂慮〉中，我們了解到斯多葛學派對激情的回應。斯多葛哲學家認為，基本上，除了最初的感覺（例如嚇一跳，羞紅臉），我們是可以控制自己情緒的，因此，在經歷死亡的最初衝擊後，我們能控制並管理哀傷。

塞內卡談到如何管理哀傷時，並非建議我們壓抑所有情緒，忍住不哭。斯多葛學派認為，為失去親友而哭很正常，也很自然，這些淚水源自於震驚、悲傷、不捨，以及過往的歡樂回憶。斯多葛學派所戒慎的，是那種表演式的誇張悲傷、持續過久的哀悼，或拒絕相信某人已經去世的狀況。

塞內卡在寫給瑪西婭的信中表示，悲傷是自然的，為某人去世感到震驚也是自然的。他自己在年輕友人安奈烏斯·塞雷努斯[41]死時也震驚不已。塞內卡說：「我要寫這些話給妳聽——我曾經為親愛的安奈烏斯·塞雷努斯悲哭難抑，現在我明白了，我之所以如此悲傷，主要是從未想過他有可能比我早死。我只想到他比我年輕，年輕許多。我以為出生順序會決定我們的命運！」但他總結道：「任何時候可能發生的事，今天都有可能發生。」而且可能發生在任何人、任何年紀，甚至是比你年輕的人身上。**別以為出生順序能決定我們的命運！**

斯多葛哲學家畢生為無可避免的痛失親友做準備，他們期待自己不會因喪親而震驚，不會被拖延不止、痛苦不已的哀悼期二度傷害。

● 一切都是借來的

塞內卡提醒瑪西婭，我們擁有的一切都是「借來的」，命運隨時可以奪回去，不用預先通知。「我們應該愛所有的親友，但要牢記，我們不一定能永遠擁有他們。是的，甚至沒有人能保證，我們能長期擁有他們。」

塞內卡還提醒瑪西婭，人生在世，有種默契或代價：「我們永遠可以拿取借給我們的東西，無一定的歸還日期，但老天收要收回的時候，我們就得二話不說地還回去：最可恨的，就是那些責罵債權人的借貸者。」

● 寧可愛過而失去……

塞內卡對瑪西婭說的另一項重要資訊是，最好對擁有過的心懷感激，而非抱怨所失。「『但是，』妳說，『我本來可以擁有更久。』話雖如此，有過兒子比沒有兒子好，因為假設妳可以選擇，哪個更佳，是幸福快樂一小段時間，還是從來沒有過？」

這是塞內卡版的「寧可愛過而失去，也不要不曾愛過」。

塞內卡自己也有個襁褓期的兒子，在塞內卡被流放科西嘉

41 **安奈烏斯・塞雷努斯**：Annaeus Serenus，羅馬政治家和哲學家。

島的二十天前去世了。寶寶死在他祖母赫維亞，也就是塞內卡的母親的懷裡，「她拚命親吻這個孩子。」馬可‧奧理略和妻子福斯蒂娜至少生了十四名孩子，但僅有四個女兒和一名兒子比奧理略長命，也就是說，奧理略要面對九名子女的死亡。古時的兒童死亡率高得嚇人，這也許解釋了他們必須堅強地面對喪子——但這些教誨仍適用今日（只要人類會死，就能夠適用）。

● 沒有所謂死得太早

我們老愛不假思索地說，某個年輕人「死得太早」。但斯多葛學派對這觀念提出質疑。他們不相信「太早」的說法（部分原因是因為他們相信命運）。

塞內卡和馬可‧奧理略都曾寫過，那些活著，卻不懂生活的人，是在糟蹋生命。他們工作過度、追逐金錢、名氣，或表現得好像有很多生命能夠揮霍，所以不懂珍惜眼下的生活。這些人有可能活到九十歲，但斯多葛學派認為，與其老而不死地活到九十歲，還不如轟轟烈烈，身懷美德地活二十五年就好。「多虧有死亡，我才懂得珍惜生命。能在對的時間死去，是多麼棒的恩典，有多少人因為活太久而受到傷害。」塞內卡寫道。

塞內卡舉一些政治家為例，如格奈烏斯‧龐貝（Gnaeus Pompeius）。他們過了政治巔峰期後，最終死於恥辱或背叛。我們老以為英年早逝是悲劇，會剝奪許多美好的經歷，但事實

未必如此。有時，死亡其實是一種祝福。

「每個人都被分配到不同的壽長：沒有人會在自己的大限之前死去，因為他注定要活那麼久，不能再多活⋯⋯我們都犯了一個錯，以為只有生命走下坡的老人才會接近死亡，其實我們在嬰兒期、青春期，事實上在生命的每個時期，都在步向死亡。」塞內卡寫道。

● 死亡等於出生前

斯多葛學派不相信地獄，因此死亡不是壞事；它是中性的。他們把死亡跟尚未出生做比較。你在呱呱墜地之前，並不記得生命是何模樣，在你死去的時候也一樣。你對離開人世不會有感覺，因為你已經不在了，不會感受到任何事。塞內卡寫道：「死亡既非好事亦非壞事，因為只有存在的東西，才能論好壞：而死亡什麼都不是，一切被歸為虛無，死亡也不會把我們轉交給命運，因為好和壞，都得有個可以施力的地方。」

伊比鳩魯的教誨中也呼應這個觀點：「死亡與我們無關，因為只要我們活著，死亡就不存在。而當死亡來臨時，我們便不存在了。」

● 生命沒有一定

物品有缺陷，我們可以退貨，或許多消費品都有可替代的

性質，但生命不同，是唯一無法取代的東西，斯多葛學派表示我們應該意識到這一點。他們特別指出，當我們生孩子時，便是與自然做交易，孩子可以在任何時候歸還（死亡），我們無從選擇，而是由大自然做出決定。這個孩子會變成什麼樣子，誰也無法保證。

塞內卡說：

> 大自然對每個人說：「我不會欺騙任何人。如果你選擇生孩子……其中一個也許會成為國家的救世主，或許會成為叛國者……如果在我跟你解釋過這些條件後，你還是選擇生養小孩，那就不能責怪神明了，因為祂們從未對你保證過任何事。」

事實上，唯一的保證就是「我們活在一個注定會死亡的世界裡。」塞內卡寫道。「我們已經進入了命運的王國，她的統治嚴酷且堅不可摧，我們隨她擺弄，忍受苦難，無論是應得的還是不應得的。」

● 死後方能了解生命最終的大謎團

除了死人之外，沒有人知道死後會發生什麼事（雖說死後會失去意識，因此不可能會有「我」去了解這些謎團……但先別管這些）。

塞內卡試圖說服瑪西婭停止過度悲傷：

在我們居住的世界……熊熊大火，焚毀了生靈萬
物……星子相互撞擊，還有世上所有熾熱的元素……
將在一場大火中燃燒。然後，那些進入永生，受到祝
福的靈魂，將在上帝認為重新創造宇宙的最佳時
機……再次變成我們以前的元素。瑪西婭，你那了解
這些奧祕的兒子，是多麼地幸福！

馬可·奧理略和塞內卡都寫過自己在去世後，將回歸風火
水土和生死的自然循環裡。

歷史並未告訴我們，塞內卡的信是否安撫了瑪西婭，並依
照他的話去行動。但這封文情並茂的信流傳下來了，讓那些現
在還不必經歷失親之痛的幸運兒，在將來失親時，借用他永恆
的智慧，做為哀悼期間的「指南」。

斯多葛學派對待悲傷的方式是一種氛圍

六個月前，朋友的母親去世，我們一邊越過沙丘走向海
灘，我一邊向朋友解釋斯多葛學派對死亡的態度。我也曾邊喝

酒邊跟另一位在十二個月前喪母的朋友解釋過。兩次對方都困惑地沉默著，這與他們生活中的悲傷經驗不符，兩人都表示，他們悲慟時無法發揮理性，甚至連時序都會錯亂。他們說，悲傷的情緒如波潮湧來（情緒在到來之前很難控制，就像企圖阻止海中的浪濤一樣），得隨它慢慢撲擊、消退。兩人談到奇怪的夢境，以及醒時發現親友再也回不來的痛苦。他們談到自己本來好好的，一切都沒事，然後想起媽媽已經走了，便崩潰了。對他們來說，用理性調節悲傷的概念，似乎很不可思議。

美國詩人埃德娜·聖文森特·米萊（Edna St Vincent Millay）寫過一首關於長悲不止的短詩：

> 時間不會帶來寬慰；那些告訴我時間會減輕痛苦的人
> 都在撒謊！
> 我在悲泣的雨中想他；
> 在退去的潮水中渴望他⋯⋯

斯多葛學派的悲傷技巧，於親人在世時，能否「減輕我的痛苦」？塞內卡的建議似乎像一種心理騙術，旨在以聰明的頭腦，欺騙受傷和脆弱的心靈。

自羅馬斯多葛學派以降，塞內卡對悲傷的處理方式便不再受青睞了。就現在來看，催促人們速速走出悲傷，似乎失之麻木不仁，很不恰當。跟新近喪親的朋友討論斯多葛主義時，我會覺得怪怪的，甚至連描述斯多葛學派對悲傷的處理方式時，

都感到尷尬。

撰寫本書時，幸好我自己沒有遭遇喪親，無法拿個人的經驗，去描述斯多葛哲學的這一重要面向。不過我做了很多負面想像練習，希望在面臨失親時（它將一次又一次地到來，除非我先死），自己能像斯多葛哲學家那樣豁達。

韌性與悲傷

現代斯多葛學家威廉‧歐文寫道，1969年左右，伊麗莎白‧庫伯勒‧羅斯出版了《論死亡與臨終》（Elisabeth Kübler-Ross，*On Death and Dying*），概述悲傷的五個階段後，失親之慟的做法有了轉變。這部深具影響的作品談到，當我們失去親友時，會經歷明確的幾個階段：否定、憤怒、討價還價、憂鬱，以及最後的接受。

斯多葛學派，包括歐文在內，建議讀者略過早期階段，直接接受親友死亡的事實，因為人一旦死了，便什麼都做不了，因此最好接受，以免進一步擾亂自己的內心。

歐文寫到如何避免讓自己成為受害者，即便你受到不公義的待遇。對處境的回應，包括喪親在內，都是自己可控的範圍。「畢竟，當了受害者，就不必對生活的諸多不順負責了，受害者的身分還賦予你特殊的待遇：受害者需要時間和空間來恢復……然而，扮演受害者，可能會添增因受到冤屈而感覺到的痛苦。」他寫道。

如何……傷逝

　　韌性和斯多葛學派中的美德「勇氣」可協助你克服挫折，包括喪親，並充分享受生活的美好。

　　斯多葛學派談到悲傷時，並沒有要我們在喪失親友時，忍住悲傷。畢竟那是再自然不過的感情。塞內卡說：「大自然要求我們有一定的悲傷。」但我們不應把哀傷延長到違反自然。斯多葛學派從哀逝中看出弦外之音的動機，包括親者在世時，未能多陪伴他們而產生的內疚，或喪家覺得哀痛逾恆是一種美德，表示自己敏感心慈。或者他們視之為一種吸引他人關懷的方式。這話雖然有點憤世嫉俗，但也有一些真實性。別人看到我們悲傷時，會更善待我們，給予我們更多關注、情感、理解、寬容和溫柔。如此備受呵護，感覺甚好。但這也許表示，我們應該一直互相關懷才是。

如何……

死亡

「我們停止存活的最後那一刻,並不會帶來死亡;那一刻僅是完成死亡的過程罷了。我們在那一刻抵達死亡,但其實我們已經走過漫漫長路了。」

——塞內卡

「何謂死亡?死亡是一張可怕的面具,摘下它吧——瞧,它並不會咬人。肉體和靈魂最終必須分離,如同它們在我們出生之前便是分開的。所以如果現在死了,何必難過?就算現在沒死,以後也會。」

——愛比克泰德

「我們此刻的所作所為,會在永恆中迴響。」

——馬可·奧理略

　　我知道這只是一種哲學觀念（眾多哲學中的一種），而且是基於理性，不是信仰，這個領域裡沒有神祇，也沒有聖人。這裡沒有儀式，沒有聖禮。沒有教堂、廟宇、道觀、清真寺、大教堂、祭壇、聖殿或禮拜堂。沒有真正的人間使者：沒有牧師、樞機主教、主教、伊瑪目、拉比、修女、傳教士或任何神職人員。

　　這裡也沒有真正的聖書，只有幾百年前，某個人為自己寫的日記（就像企鵝出版社經典系列的任一本普通書籍一樣被擱置），一些古希臘留下的斷簡殘篇，一些靠手寫記錄下來，並代代相傳的（共七十三萬個日夜）演說、劇本和講座。

　　對我而言，2018年開始的純智性旅程，逐漸轉變成更精神層次的歷程。在過去四年的不確定、痛苦和惶惑之中，斯多葛學派有時是位令人安慰的伴侶，有時是位近乎苛刻的嚴師，但我從未懷疑它的真實性、所帶來的慰藉，以及這些宛如詩文，蘊含著堅韌智慧的古老金句，這些句子讀來真實而鏗鏘有力，足以撼動我的心。

　　正統主義者大概會皺眉頭，但我該如何解釋，斯多葛學派逐漸改變了我對一切的看法，從人類和宇宙的自然觀、對現實的理解、自己在世上的位置、與他人的關係和責任，以及我看待死亡和生命的方式？

　　對我而言，斯多葛哲學在智性、情感和性靈的領域間架起橋梁，將它們全部融合起來。這門哲學教我如何生活，也包括教我如何面對死亡。

「你是背負一具屍體的小小靈魂。」愛比克泰德再次直言不諱地呼喚道。

我們已討論過斯多葛學派對死亡及生命有限的教誨了，不過還是很值得溫習這些關鍵訊息。

所有一切 —— 甚至是我們的性命 —— 都是借來且非還不可的

2019年9月，我們小組在蒙古西部旅行兩週，與各遊牧部落會面。某日下午，我們在山坡上遇到一位年邁的牧民，堤歐有張山謬・貝克特[42]的臉和琥珀色的眼睛。他動作輕巧地攀上山岩，帶我們去看附近山洞裡的古老羱羊岩畫，然後講述自己的生平。當他談到自己跟四季以及動物緊密相依的生命週期時，我開始思索牧民的一些實際問題。比如說，他們死後葬在何處？如果你老是遷移，居無定處，那麼要把墓地安置於何方？

堤歐以手按胸，我們把死者埋在這裡，他告訴我說，一邊敲打自己的胸口。你若活在別人的記憶裡，就永遠不會真正死去。你的社區、朋友、家人，就是對你活生生的紀念。在別人

---

42 **山謬・貝克特**：Samuel Beckett，愛爾蘭全才作家，以劇本《等待果陀》聞名於世。

身上延續的精神，才是你的遺產，你的生命。一旦死亡，肉體便不重要了。因此牧民把親人的遺體留下來，再次出發上路，凜冬來時，走下山去，寒雪融時，再度上山。

那些遺體留給了野獸和猛禽享用。堤歐似乎很滿意這種情況；畢竟，牧民一輩子都在狩獵，所以回饋滋養他們的大地，似乎合情合理。

這種生活方式讓我想起古代的斯多葛學派。蒙古遊牧民族認為死亡很自然，人死後便回歸於自然。有些斯多葛文獻並不稱之為「死亡」，而稱之為「歸返」。

接受死亡的發生，毅然面對我們與他人終將一死，部分原因在於正視壽長有限。斯多葛哲學中根植的一個觀念是，我們並未擁有事物或人；他們是從老天爺那裡借來的。

馬可・奧理略在日記中寫道：「宇宙啊，一切對你和諧之事，我亦能和諧共處。對你來說，適時而來的一切，對我而言都不會過早或太遲。一切都是自然四季為我帶來的果實，所有萬物皆源自於你、存在於你，並歸還於你。」

莫在臨終時大驚小怪

塞內卡在寫給魯基里烏斯的信中談到，自己如何克服對死亡的恐懼。這與在腦中演練跟自己死亡相關的思維有關。他說：

每天演練這個想法，你便有可能心滿意足地與生命告別；因為許多人緊揪住生命，如同被急流沖下去的人緊抓住荊棘和鋒利的岩石一樣。大多數人在死亡的恐懼和生活的艱辛之間苦苦掙扎；他們不想活，卻又不知該如何去死。因此，消除所有對生活的憂慮，讓生活變得愉悅吧。

塞內卡基本上想說的是，你橫豎得死，但可以選擇在離世時感覺圓滿（就像享受了一場美好的假期，帶著微笑從漂亮的酒店退房一樣），或在極度痛苦和否認中度過（在假期結束後拒絕離開酒店房間，結果遭保安暴力驅逐）。

當死亡以其方式到來時，不是我們能控制的，但我們能很大程度地控制自己對死亡的恐懼和反應。

假若我們了解自己難免一死，不再擔憂害怕，不僅能活得更放鬆，死時也能更泰然。有趣的是，儘管塞內卡死得一點也不輕鬆，但他本人在尋死時，幾乎可說態度悠閒。

當尼祿皇帝的手下來找他，命他自殺後，老哲學家接受了自己的命運。首先，他跟蘇格拉底一樣喝下毒芹汁，發現無效後，他割斷一條靜脈，然後割傷自己的膝蓋和雙腿。結果依然死不了，也許是因為他的年齡和清簡的飲食。塞內卡叫僕人弄來浴缸，讓他在蒸氣中窒息而亡。這期間他的妻子和友人圍繞他身邊，塞內卡安慰眾人（還勸服妻子不要自殺），並告訴他們要接受他的死，因為他自己已經接受了。塞內卡成年後，一

直在為死亡的這一刻做準備，這種訓練使他冷靜從容，無所畏懼。

死後會如何？

我們在生命中，以及在這本書中，從原點再次展開完整的循環。我們從一無所有開始，死後也會回歸自然，我們的肉體變成物質或材料，被大地重新吸收（塵歸塵／土歸土）。

關於死亡，愛比克泰德寫道，「到時我的每一部分都會減少，轉換成宇宙的一環，而那又轉換成宇宙的另一部分，往復不息。」

馬可・奧理略寫了許多關於死亡的內容，他說，「欣然接受死亡，死亡不過是每種生物組成元素的溶解。如果個體元素不斷相互變化，不會造成傷害，人們又何必害怕它們全部改變並分離？這是一件自然的事，既是自然，便不邪惡。」

死亡是斯多葛主義的核心組織原則，斯多葛學派始終牢記於心，他們知道生命不會重來，只能全心投入。畢竟，我們每天都在死去——迄今我們所活過的時日，「都已經交到死亡手裡了」。

這個過程需要用一生走完，但目的地從無疑慮。

我們且以馬可・奧理略的話做結論：

只要你做正確的事，其餘都不重要。冷或溫、疲憊或

充分休息、藐視或尊榮，臨終……或忙於其他任務。因為死亡亦是人生的課題之一，我們得「做該做的事」。觀照內在，別錯過觀察事物的本質。不久，所有現存的事物都將起變化，飄渺如煙（假設一切都變成一體），或散成碎片……從無私的行為，轉向另一個以上帝為念的行為。唯有在那裡，才有愉悅和寧靜……當你不可避免地受到環境干擾時，立刻回歸自己的內心，盡可能掌握自己的節奏。如果你不斷回歸自性，便能更好地把握住和諧。

後記

好消息！ 2022年4月，好友喬已完成癌症治療，醫生判定癌細胞已清除乾淨。我問她是否從這些斯多葛概要課程中學到一些好處。

有的！

「即使不考慮內容，當妳孤立無援地待在醫院，收到朋友傳來的語音訊息，也能打破可怕的孤寂感。」她告訴我，「但訊息本身讓我很有同感，癌症患者得到的很多建議和忠告，雖然都出於善意，卻常是無用的空話。『妳可以做到』，『一定可以打垮癌症』，『要保持積極』等等。這些根本沒有用，還會讓妳因為難過而內疚，這些打氣的話，給了妳一種控制的假象。其反面就是，當妳面對疼痛、恐懼和茫然時，可能會感到真正的絕望。我喜歡斯多葛主義，因為它不偏不倚——認知苦難的存在，視之為人生的一部分，且可以忍受。」

至於我，我每天都還在使用斯多葛哲學。

　　首先，我使用斯多葛學派和技巧度過每一天，應付負面的情緒和狀況，以免感到沮喪或不堪負荷。

　　其次，我以斯多葛哲學調整自己待人的言行，包括別太衝動、少動怒、別亂下判斷、莫憤世嫉俗和自覺委屈。簡言之，它使我冷靜。2019年，當我真正深入研究斯多葛主義後，我懂得放下許多原本會令我惱怒的事——這個過程仍在持續。

　　第三，斯多葛主義輔助我調整自己的情感目標。與其奮力追求快樂，我學會用更細膩的方式，找到更有可能達成的目標——內心的寧靜。

　　至少就我的情形而言，快樂往往是一種來去如風的衝動性情緒（而且害我追著它的尾巴，乞求著讓我在它的暖陽下再多待一個小時）。相較之下，寧靜雖不那麼令人興奮，卻更持久綿長，就像一種緩釋藥物，讓我能保持一天的穩定和滿足。寧靜之心使人持續遠離煩惱憂慮。我們不都希望能那樣嗎？

　　第四，我用斯多葛主義劃分自己該擔心（或關心），和那些應放下不管的事物。一旦做出區隔，我便不再反覆思索那些自己不可控的事了（至少努力不去想，這不是一種自動會有的思維方式）。這種劃分真的是救命稻草，也體現了斯多葛學派的有力承諾。

　　第五，我以斯多葛主義作為指南，讓自己成為謙謙君子，過幸福的生活。雖說我只偶爾達到這些理想，現在卻很清楚地知道，何謂剛正的人，以及幸福生活的要素（劇透：斯多葛學派設想的幸福生活，不是二十一世紀後期，資本主義對我們強

行推銷的那種美好生活。）。

第六，我不斷重估自己與時間和死亡的關係，我發現兩者之間關聯密切。要深入探究斯多葛主義，就得不閃不躲地正視自己的死亡。而且不僅是自己的死亡，還要面對心愛之人都終將一死的可怕事實。當你接受自己和所愛的人都將死去時，對時間便會有不同的看法。你會突然意識到時間資源的寶貴與有限，而不想多浪費一分鐘。

第七，我正在重新評估並調整自己與金錢、健康、聲譽、名氣和財產等身外之物的關係。我以斯多葛「無動於衷」的概念，用淡定的態度重新構建對這些事物的看法。

最後，我以斯多葛學派的自然和宇宙觀，來界定自己對自然界的讚嘆，而非訴諸有神論，認為所有美麗之物必出自上帝之手。

這些是積攢多年後的領悟，一旦你了解了，艱苦的工作才正要展開。斯多葛的實踐是日常的。斯多葛主義，就像宗教，如同我年輕時的天主教一樣，需要努力練習，才能維護其力量。如果我間隔好幾個月沒有讀斯多葛的文本，或安排與安德魯散步討論，便會發現自己的實踐力逐漸減弱，又陷入舊有的習慣與模式之中，為那些我無法掌控之事煩憂，忘記保持寧靜，並開始追名逐利，卻忽略了它們總讓我回到以前的低谷裡。我會受到外在事物的吸引——財產、名譽、聲譽和外貌。焦慮會重新爬回心頭，時間又給浪費掉了。

我會忘掉自己學會的一切，然後在即將絕望時，想起手邊

就有一整套我需要的工具。就像一名回到教堂門口的懺悔者，或一位回到健身房的懶散重訓者，我發現斯多葛主義，是自己能一再重新投入的哲學（事實上也必須重新投入）。

　　過去幾年，我發現自己遇到困境時，會一直重回斯多葛主義取經。馬可・奧理略寫道：「即使你傷心欲絕，人們還是照常生活。」他的聲音如此親切貼合，宛如你在讀他的日記。

　　所以，請繼續前進，繼續前進就對了。

感謝

感謝過去幾年中，所有擔任斯多葛實驗對象的朋友，他們欣然接受了以「呃，斯多葛學派會說……」為開頭的建議。

感謝在我遇到瓶頸時，鼓勵我繼續往下寫的朋友。謝謝你們。

感謝以下幾位讀過本書各個版本，並提供絕佳建議的友人：Michael Safi，Matthew Goldberg，Lee Glendinning，Denis Mooney，Stu Spiers和Hal Crawford。

謝謝Bridie Jabour提出結構方面的建議，Adam Wesselinoff與我討論檢視斯多葛哲學，Jo Tovey跟我在WhatsApp上聊斯多葛，並讓我在本書中分享她的故事。謝謝爸媽對本書的熱情支持。特別感謝我的母親Mary Delaney與我分享她基督教初期知識。

感謝我的出版商Kelly Fagan，她在多年前便看出現代社會需要斯多葛哲思；謝謝我的經紀人Pippa Masson一直對本書各個版本提出很好的意見；還有AC，我的斯多葛旅伴。

參考書目

David Fideler, *Breakfast with Seneca: A Stoic guide to the art of living*, W.W. Norton & Co., 2021

Ryan Holiday and Stephen Hanselman, *Lives of the Stoics*, Profile Books, 2020

William B. Irvine, *A Guide to the Good Life: The ancient art of Stoic joy*, Oxford University Press, 2008

William B. Irvine, *The Stoic Challenge: A philosopher's guide to becoming tougher, calmer, and more resilient*, W.W. Norton & Co., 2019

Martha Nussbaum, *The Therapy of Desire: Theory and practice in Hellenistic ethics*, Princeton University Press, 2018

Massimo Pigliucci, *How to Be a Stoic: Ancient wisdom for modern living*, Penguin Random House, 2017

Donald Robertson, *Stoicism and the Art of Happiness*, Hodder Education, 2013 James Romm, *Dying Every Day: Seneca at the court of Nero*, Random House, 2014

John Sellars, *Lessons in Stoicism: What ancient philosophers teach us about how to live*, Allen Lane, 2019

John Sellars, *Stoicism*, Routledge, 2014

James Stockdale, *Courage Under Fire: Testing Epictetus'doctrines in a laboratory of human behavior*, Hoover Institution Press, 1993

Emily Wilson, *Seneca: A life*, Penguin, 2016

Donna Zuckerberg, *Not All Dead White Men: Classics and misogyny in the digital age*, Harvard University Press, 2018

KNOW HOW 005

從此不再煩惱

Reasons not to worry: How to be Stoic in chaotic times

作　　者	布里吉德‧迪蘭尼（Brigid Delaney）
譯　　者	柯清心
責任編輯	廖雅雯
美術設計	賀四英

總 經 理	伍文翠
出版發行	知田出版 / 福智文化股份有限公司
	地址 / 105407 台北市八德路三段 212 號 9 樓
	電話 / (02) 2577-0637
	客服信箱 / serve@bwpublish.com
	心閱網 / https://www.bwpublish.com
法律顧問	王子文律師
排　　版	陳瑜安
印　　刷	富喬文化事業有限公司
總 經 銷	時報文化出版企業股份有限公司
	地址 / 333019 桃園市龜山區萬壽路二段 351 號
	服務電話 / (02) 2306-6600 #2111
出版日期	2024 年 4 月　初版一刷
定　　價	新台幣 450 元

ISBN　978-626-98251-2-7

從此不再煩惱 / 布里吉德‧迪蘭尼（Brigid Delaney）
著；柯清心譯 . -- 初版 . -- 臺北市：知田出版，福智文
化股份有限公司，2024.04
　　面；　公分 . -- (KNOW HOW；5)
　譯自：Reasons not to worry: How to be Stoic in
　　　chaotic times

　ISBN 978-626-98251-2-7 (平裝)

　1. CST: 古希臘哲學　2. CST: 人生哲學

141.61　　　　　　　　　　　　　　　113003424